KB125372

STOP OVER THINKING

생각중독

불안과 후회를 끊어내고 오늘을 사는 법

닉 트렌턴 지음 | 박지선 옮김

STOP OVER THINKING

갤리온
GALLEON

생각을 마음먹은 대로 컨트롤할 수는 없다. 멈추는 일은 더욱 불가능하다. 그렇다고 생각이 많다는 게 문제라고 할 수가 없다. 하지만 그 생각이 끊임없이 나를 괴롭힌다면 이야기는 달라진다. 꼬리에 꼬리를 무는 생각 과잉은 스트레스로 작용해 정신과 신체를 소진하게 만든다.

티베트 속담에 이런 말이 있다. "걱정을 해서 걱정이 없어지면 걱정이 없겠네." 불편한 생각을 많이 한다고 그 생각이 사라지는 것은 아니다. 당장 해결할 수 있는 것이 없다는 것을 알면서도 우리는 걱정을 멈추지 못한다. 걱정하며 준비했기 때문에 큰 문제가 일어나지 않았다는 식으로 자신의 걱정에 보상을 매긴다면 더더욱 '생각 중독'에 빠지게 된다.

『생각 중독』은 나를 망치는 생각 과잉에서 벗어나기 위한 실용적인 팁들을 알려주는 책이다.

생각이 너무 많으면 주변이 잘 보이지 않는다. 이처럼 혼미한 상태에서 생각의 근원을 더듬다 보면 오히려 더 아득한 미궁 속에서 헤맬 수도 있다. 이런 상황 역시 생각 과잉이다. 이 책의 저자도 생각 중독에서 빠져나오기 위해 자기 내면을 살피며 해결책을 찾는 것은 답이 아니라고 말한다. 저자가 알려주는 생각과 불안, 스트레스를 다루는 기술들은 생각에 빠져 허우적대고 있을 때 바로 적용할 수 있는 명료한 해법들이다.

불안을 과감히 지우고 자신을 지키려고 노력하는 내담자들에게 자신 있게 이 책을 권한다. 멈춰지지 않는 생각들로 통제감을 잃고 힘들어하는 많은 분이 『생각 중독』을 통해 자기 통제감을 얻고 자신을 옥죄는 스트레스와 압박에서 벗어나길 바란다.

허규형

정신의학과 전문의, 『나는 왜 자꾸 내 탓을 할까』 저자,
유튜브 〈뇌부자들〉 운영자

입사 3년 차가 됐을 때다. 어느새 일이 수월해지고 야근도 줄었다. 몸은 편해지고 연봉은 오르는데 이상하게 마음 한편이 점점 무거워졌다. 무엇인지 들춰봤다.

'나 이거 평생 해야 하는 거야?'

한번 떠오른 생각은 멈추지 않았다.

"사업을 시작해볼까? 바깥은 지옥이라던데?"

"기술이라도 배워둘걸."

"결혼은 어떻게 하지? 아이도 생길 텐데?"

"그나저나 내가 하고 싶은 건 있나?"

"에라 모르겠다, 내일 생각하자"

내가 통제할 수 없는 일들, 내가 할 수 없는 일들, 나의 과거에 대한 후회와 미래에 대한 불안들, 오늘의 생각은 내일로 '복붙'되고 있었지만 어쩔 도리가 없었다. 꼬리에 꼬리를 물고 생각이 뒤이었다.

매너리즘과 권태로운 일상들이 이어졌고 그렇게 5년이 흘렀다. 5년간 생각만 했던 일을 시도해보기로 했다. 회사를 휴직 하고 내가 무엇을 가졌고, 뭘 할 수 있는지, 무엇이 필요한지 찾아보기로 한 것이다. 생각을 행동으로 옮기는 데 5년이 걸렸다. 행동하자 생각은 줄기 시작했다.

그렇게 다시 5년이 흘렀다. 나는 지금 완전히 새로운 일을 하고 있다.

이 책은 통제할 수 없는 일이 아니라 통제할 수 있는 일에 집중하고, 할 수 없는 일이 아니라 할 수 있는 일에 집중하도록 돕는 길잡이다.

문득, '그 시절 이 책을 조금 빨리 만났더라면, 5년의 세월이 조금 앞당겨지지 않았을까?' 하는 생각이 들었다. 생각만으로는 절대 오늘을 바꿀 수 없다. 지나친 생각을 멈추고 행동하는 법이 궁금한 사람들에게 이 책을 추천한다.

이동수

『언젠간 잘리고, 회사는 망하고, 우리는 죽는다!』 저자,

유튜브 〈무빙워터〉 운영자

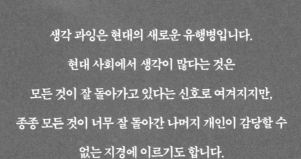

생각 과잉은 현대의 새로운 유행병입니다.

현대 사회에서 생각이 많다는 것은

모든 것이 잘 돌아가고 있다는 신호로 여겨지지만,

종종 모든 것이 너무 잘 돌아간 나머지 개인이 감당할 수

없는 지경에 이르기도 합니다.

세상은 진화하고 있지만,

그 속에 사는 사람들도 반드시 그런 것은 아닙니다.

우리는 삶의 스트레스와 복잡성을 처리할 수 있을 정도로

진화하지 못했고, 따라서 고통받고 있습니다.

이것이 우리가 처한 현실이고, 상황은 점점 더 악화하고 있습니다.

스트레스는 머지않아 최고의 사망 원인이 될 것입니다.

한계점이 가까워오고 있습니다.

이것이 바로 수많은 독자가 이 책에 호응했고,

지금 당신이 이 책을 읽어야 할 중요한 이유입니다.

이 책은 세상 모두가 중요하다고 여기거나 삶에서 원하는 것에서

한 걸음 물러나 나 자신과 나의 마음, 그리고 가장 중요한

나의 '행복'에 다시 초점을 맞추도록 안내합니다.

그런데 행복이란 과연 무엇일까요?

아무쪼록 그것을 깨달을 수 있는 마음의 공간과 거리를

스스로 찾아보길 바랍니다.

생각이 너무 많으면 인생은 지뢰밭을 기어가는 것과 다름없습니다.

하지만 생각을 덜어냈을 때 그 지뢰밭은 돌연

꽃과 다람쥐가 함께하는 즐거운 산책길로 바뀝니다.

당신은 어떤 것을 원하나요?

당신은 원하는 대로 살아갈 수 있습니다.

― 저자 닉 트렌턴

차례

1장   생각 과잉 멈추기
가장 집요하게 당신을 괴롭히는 문제

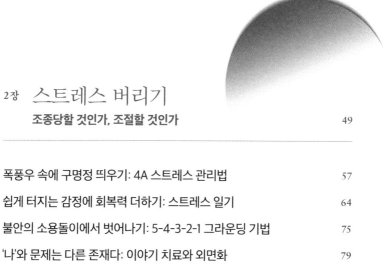

6장 오늘을 사는 법
인생을 낭비하지 않는 생존 전략

1장

×

생각 과잉 멈추기

가장 집요하게 당신을 괴롭히는 문제

제임스는 친절하고 똑똑한 청년으로, 자기 인식이 뛰어나다. 어쩌면 **지나치게** 뛰어난지도 모르겠다. 그는 항상 무언가를 걱정하는데, 오늘만 해도 사소한 건강 문제가 신경 쓰여 온종일 어쩔 줄 몰라했다. 온라인으로 정보를 찾아보면서 혹시 모를 가능성을 점치고 불안을 키웠다. 그러다가 하던 일을 멈추고 스스로를 돌아보면서 생각했다.

'내가 생각이 너무 많은지도 몰라.'

더는 건강 문제로 스트레스받지 않기로 한 제임스는⋯⋯
이제 자신이 건강에 대해 너무 과하게 생각한다는 데 스트레
스를 받기 시작했다. 정말이지 그에게는 치료가 필요한 것 같
다. 하지만 어떤 치료를 받아야 할까? 제임스의 머릿속으로 이
런저런 생각이 질주했다. 상담을 받아야 할까 고민하며 마음
속에서 혼자 언쟁을 벌였다. 자신을 법정에 세워 스스로 변론
하고 심문하면서 여러 기억을 끝없이 소환했고 계속 무언가를
추측하면서 두려움에 빠졌다. 그러다 다시 멈추고 자신을 되돌
아보았다.

'불안하다는 게 이런 걸까? 이게 공황발작인가? 아니면 내
가 조현병을 앓고 있는데 여태 몰랐던 게 아닐까?'
'이처럼 아무것도 아닌 일로 괴로워하는 사람은 나밖에 없
을 거야.'

사실 괴로운 생각 중에도 다른 사람들에게 비난받았다고
느낀 수많은 일이 머릿속을 가득 채웠다 사라지곤 했다. 잠시
후 제임스는 자신의 단점을 하나하나 돋보기로 자세히 들여다
보기 시작했다. 뭐든 그냥 흘려보내지 못한다는 사실에 다시
괴로워졌다. '나는 왜 이 모양일까?' 그리고 한 시간가량 고민

생각 중독

했음에도 건강 문제에 대해 어떤 결정도 하지 못했다는 것을 깨닫자 좌절감이 밀려들었다. 이내 우울해졌고 불현듯 자신에 대한 부정적인 생각에 휩싸였다. '늘 이런 식이야. 매번 날 잘 추스르지 못하고 전전긍긍하지.'

제임스가 겪는 이 모든 정신적 고통이 어느 날 어깨에서 발견한 이상하게 생긴 점에서 시작되었다고 하면 믿을 수 있겠는가!

우리는 자극이 지나치게 과한 세상에서 극도로 긴장한 채 과도하게 머리를 쓰면서 살고 있다. 생각을 너무 많이 하면 평상시의 자연스러운 사고 체계에 과부하가 걸리고 생각이 과하면 사고 과정이 우리의 통제를 벗어나게 된다. 그 결과 고통을 초래한다.

삶과 자아를 끝없이 고찰하는 일은 우리를 괴롭게 한다. 일단 시작하면 멈추기 힘들고 자기 파괴적인 결과를 낳는다. 원래 우리 뇌는 문제를 해결하고 상황을 더 분명하게 이해하도록 돕지만, 생각이 너무 많아지면 정반대로 움직인다. 걱정, 불안, 스트레스, 반추(rumination, 과거의 일을 현재에 반복해서 떠올리며 부정적 감정을 불러일으키는 정신 활동─옮긴이), 강박…, 그것을 무엇으로 부르든 생각을 너무 많이 하는 기질은 기분을 불쾌하게 할 뿐만 아니라 모든 면에서 도움이 되지 않는다. 하면 할수록 생각은 증폭되고 꼬리에 꼬리를 문다. 삶에 좋은 영향을 미칠 리 없다.

생각이 너무 많아서 괴로운가? 생각이 지나치게 많은 사람은 지금 하는 걱정 때문에 다른 것을 생각할 여지가 없다고 확신하기 일쑤다. 그러다가 또 다른 걱정거리가 그 자리를 대체한다. 이같은 증상은 범불안장애나 우울증 같은 정신 건강 문제의 징후일 수 있지만, 이런 정신적 문제가 없더라도 생각이 너무 많을 수 있다. 때로는 생각이 너무 많은 것이 문제라고 깨닫기 어렵기도 하다.

'생각 과잉overthinking'은 매우 해로운 정신 활동이다. 그 활동의 형태가 분석이든 판단이든, 추적 관찰이든 평가든, 통제든 걱정이든 모두 마찬가지다. 제임스처럼 전부 다에 해당할 수도 있다.

생각 과잉이 문제가 되는 경우는 다음과 같다.

• 시시각각 자기 생각을 의식하는 때가 많다.
• 메타 사고meta-thought를 한다. 다시 말해, 자기 생각에 대한 생각을 되풀이한다.
• 자기 생각을 통제하고 조종하려고 부단히 노력한다.

- 즉흥적으로 떠오른 생각 때문에 괴로워하고, 때때로 어떤 생각은 거북하다는 느낌이 든다.
- 생각하는 과정이 충동적으로 경쟁하는 다툼으로 느껴질 때가 많다.
- 자기 생각에 의문을 품고 이를 의심하고 분석하고 판단하는 일이 잦다.
- 위기가 닥치면 문제 원인을 자신이나 자기 생각으로 돌리는 경우가 많다.
- 자기 생각을 이해하고 내면을 파헤치는 데 집중한다.
- 결정을 잘 내리지 못하고 스스로 선택한 일을 자주 의심한다.
- 걱정하고 신경 쓰는 경우가 많다.
- 부정적으로 생각하는 상황이 반복된다.
- 이미 일어났거나 더 이상 어쩔 수 없는데도 그 일을 여러 번 떠올린다.

위에서 언급한 일부는 장점일 수도 있다. 누구나 자신을 더 잘 인식하고 주의력을 향상하고 싶어 하지 않는가? 무릎반사처럼 자동적인 반응에 의문을 품고 더 넓은 시각으로 근본적인 질문을 던지는 것은 좋은 일이 아닌가? 하지만 생각 과잉의 핵심은 명칭에서 알 수 있듯이 이로운 수준을 넘어설 정도로 생각을 **과하게** 하는 것이다.

    생각하는 능력은 경이로운 선물이다. 자신의 사고 과정까지 성찰하고 분석하고 질문하는 능력은 인간의 가장 중요한 특징이자 인류가 이룬 수많은 성공의 바탕이다. 생각은 장애물이 아니다. 다만, 매우 유용한 도구인 우리 뇌는 생각을 **너무 많이** 하면 오히려 능력이 떨어진다는 것이 문제다.

정신을 시끄럽고 고통스럽게 만드는 원인

    뇌가 그토록 훌륭하고 생각이 그토록 유용하다면 왜 그렇게 많은 사람이 생각 과잉에 빠지고 이로 인한 문제를 겪을까? 그들은 나름대로 자신의 증상에 대해서 진단을 내리고 있었다. 나쁜 습관이라거나, 성격 특성이라거나, 약물로 치료해야 하는 정신 질환이라거나…… 사실 '생각 과잉'은 생각이 지나치게 많은 당사자 스스로가 즐겨 집착하는 주제이기도 하다.

    "도대체 왜 나는 이 모양일까?"

    이 책을 집어 든 사람이라면 뇌를 질주하는 이런저런 생각 때문에 괴로워한 적이 분명 있을 것이다. 다행히 해결책은 있다. 스트레스에서 벗어나 평온한 상태에 이를 방법이 존재한다. 먼저 분명히 해두어야 할 중요한 사실이 있다. **생각 과잉의 원인을 찾으려면 생각 자체에 초점을 맞추면 안 된다.**

무슨 뜻일까? 제임스를 예로 들어보자. 그의 생각 과잉은 어깨에 있는 괴상한 점과 아무런 상관이 없다. 제대로 된 심리 상담사를 선택하는 일이나 3년 전에 누군가 제임스에게 한 말과도 상관없다. 갑자기 제임스가 자신은 누군가에게 나쁜 사람이라고 죄책감을 느끼는 것과도 전혀 상관없다.

이런 생각들은 모두 생각 과잉의 **결과**다. 생각에 너무 깊이 빠져 그 안에 갇혀 있을 때는 생각 자체가 문제인 것처럼 보일 수 있다. 우리는 자신에게 이렇게 말한다. "지금 날 괴롭히는 이 문제만 해결하면 여유롭고 편안해지겠지. 전부 다 좋아질 거야." 하지만 그 문제가 해결되고 나면 또 다른 문제가 재빨리 그 자리를 차지한다. 그 많은 심각한 문제들은 생각 과잉의 원인이 아니라 결과물이기 때문이다.

'생각과잉자'의 다수가 실제로 무슨 일이 일어나는지 제대로 인식하지 못한 탓에 과하게 활성화된 뇌에 조종당한다. 이들은 '무엇이 문제인지 제대로 파악하지 못하는 것이 문제'라는 건 상상도 못한 채 필사적으로 그 '문제'를 해결하려고 한다. 그저 해결책이라고 믿는 것에 매달리며 이를 실현하는 데 에너지를 쏟아붓는다. 그러다가 처음과 다를 바 없이 스트레스 받고 있다는 사실을 깨닫는다.

생각 과잉에 대처하려면 어떻게 해야 할까? 내면으로 깊이 걸어 들어가 문제의 심층을 살피는 게 우선일까? 아니다. 한 걸음 물러나서 바라보는 게 먼저다. 또한 이 책은 생각 과잉에 대해 이야기할 때 그것은 곧 불안에 대해 이야기하는 것이라는 전제하에 전개될 것이다. 정식으로 불안 장애를 진단받지 않은 사람들도 생각 과잉에 빠질 수 있다. 하지만 이 책에서는 불안을 근본적인 원인(생각 과잉의 이유)으로, 생각 과잉을 그 결과(불안이 표현되는 방식)로 볼 것이다. 그렇다면 생각 과잉의 원인이 되는 불안은 어디에서 왔을까?

불안, 내 안에서 왔을까?

불안의 원인에 관한 연구는 지금도 진행 중이다. 유력하게는 불안이 성격의 문제라는 이론과 또는 부모에게서 물려받은 생물학적(유전적) 소인이 문제라는 이론이 있다. 불안은 (우울증 같은) 정신적 장애나 (과민대장증후군 같은) 신체적 장애를 비롯한 여러 장애에서 흔히 찾아볼 수 있다. 여성을 비롯한 특정 집단은 불안을 더 많이 경험한다. 식단 관리, 스트레스가 심한 생활 방식, 트라우마, 심지어 문화와 같은 요소들도 영향을 미친다.

신경과학자 마커스 레이클Marcus E. Raichle은 '디폴트 모드 네트워크default mode network, DMN'라는 용어를 만들었는데, 이는 뇌가 특별히 하는 일이 없는 상태에서 하는 모든 활동을 가리킨다. 그에 따르면 특별한 업무가 없을 때 뇌는 세상에서 자신이 처한 상황을 돌이켜보고 생존율을 높이기 위해 사회적 정보와 기억을 처리하고 재처리한다. 말하자면, 뇌는 행복하기 위해서가 아니라 생존하기 위해서 진화했다.

여기서 핵심은 쉬는 시간에도 뇌는 처리할 것이 있든 없든 무언가를 꾸준히 처리한다는 것이다.

물리학자 미치오 카쿠Michio Kaku는 뇌에 대해 이렇게 말했다. "인간의 뇌에는 천억 개의 뉴런이 있고 각 뉴런은 만 개의 다른 뉴런과 연결되어 있습니다. 우리 어깨 위에 있는 뇌는 우주에 알려진 것 중 가장 복잡한 물체입니다." 이렇게 까다롭게 연결되어 있고 복잡한 일들을 처리하는 뇌가 딱히 할 일이 없을 때 과연 무슨 일이 벌어질까? 바로 '반추'다.

2010년에 매튜 킬링스워스Matthew A. Killingsworth와 대니얼 길

버트Daniel T. Gilbert가 발표한 논문 〈방황하는 마음은 불행한 마음A Wandering Mind Is an Unhappy Mind〉에서는 궁극적으로 뇌가 현재 일어나지 않은 일을 일어나고 있는 일만큼이나 많이 생각한다고 했다. 더욱이 이렇게 함으로써 대개 불행을 느낀다고도 했다. 또한 《신경과학 행동 리뷰Neuroscience & Behavior Review》에 발표된 논문에서는 불안과 우울로 고통받는 사람이 실제로 DMN이 다른 사람보다 더 활발하다는 사실을 입증했다.* DMN이 활발한 사람이 우울증에 취약하다는 의미로 해석하는 편이 더 정확할지도 모르겠다.

사람들은 돈, 일, 가족, 인간관계, 노화 등 스트레스를 주는 삶의 문제들 때문에 불안해한다. 이러한 것들이 불안과 생각 과잉의 원인일까, 아니면 결과일까? 재정이나 가족 문제로 엄청난 압박에 시달리면서도 불안과 생각 과잉에 빠지지 않는 사람들도 많다. 또 어떤 사람은 불안을 느낄 만한 것이 아무것도 없는데도 불안에 휩싸인다.

우리는 방대한 연구 자료를 이해하기 위해 각 이론이 저마다 타당성이 있으며 여러 요소가 불안을 구성한다는 접근법을

---

* Samantha, J. B., Charmaine, D., Stefan, D., Suzannah, K. H., Christopher, J. J., Edmund, J. S., and Sonuga, B., "Default-mode brain dysfunction in mental disorders: A systematic review", *Neuroscience & Behavior Review*, Vol 33, No 3 (2008), pp.279-375.

취할 것이다. 즉 불안은 다양한 원인이 섞여서 발생한 결과이며 각각의 원인은 흥미로운 방식으로 영향을 주고받는다는 전제다.

불안의 첫 번째 주요 원인은 '본성 대 양육'에서 본성이 담당하는 부분이다. 다시 말해 자신에게 내재한 본질적 요인이 불안의 중요 원인일 수 있다.

불안을 설명할 때 일반적으로 이야기하는 유전적 요인부터 살펴보자. 사실 불안을 유발하는 단 하나의 유전자를 정확하게 짚어내는 전문가는 없다. 하지만 과학자들은 이와 관련된 구체적인 유전자를 발견했다. 《분자 정신의학Molecular Psychiatry》에 발표된 논문에 따르면 9번 염색체에 불안장애의 발병과 관련된 유전자가 있다.* 하지만 이 유전자가 있다고 해서 반드시 불안이 높다고 볼 수는 없다.

이 논문에서는 불안 장애의 유전율이 26퍼센트라고 설명한다. 불안 장애 발병의 26퍼센트가 유전자에 기인한다는 뜻이다. 26퍼센트? 분명 당신은 유전이 기여하는 정도가 적다고 생

---

*   Kirstin, L. P., Jonathan, R. C., Sandra, M. M, Christopher, R., and et al., "A major role for common genetic variation in anxiety disorders", *European Neuropsychopharmacology*, Vol 29 (2019).

각할 것이다. 그렇다면 나머지 74퍼센트는 무엇이란 말인가? 여기에는 주변 환경과 가족력, 과거 경험, 생활 방식 같은 것들이 포함된다. 이런 종류의 연구가 어려운 것은 부모에게 물려받은 불안이 두 가지일 수 있기 때문이다. 하나는 유전적으로 물려받은 불안이고, 나머지는 부모의 양육 방식과 어린 시절의 경험 같은 것들로 생긴 불안이다. 따라서 유전적인 영향과 경험적인 영향을 분리해서 보기란 힘들다.

불안 장애가 부모에게 있으면 자녀에게도 발생할 가능성이 크다. 하지만 이는 여전히 확률의 문제일 뿐이다. 불안에서 절대 벗어날 수 없는 운명으로 못 박는 불안 유전자 같은 건 없다. 나이가 들어가고 환경이 바뀌면서 유전자가 미치는 영향력이 감소한다는 증거도 있다. 특정 위험 요인이나 성향을 인식하고 있으면 불안을 다스리며 잘 사는 방법을 터득할 수 있다.

후성유전학 분야에서는 유전자의 영향력이 일부에 지나지 않는다고 말한다. 타고난 DNA도 경험과 환경과의 상호작용을 통해 달라진다고 본다. 특정 유전자는 메틸화(methylation, 생물체가 스스로 유전자 변형을 일으켜 유전자 발현을 조절하는 방법 중 하나—옮긴이) 같은 분자 처리 과정으로 활성화되거나 비활성화될 수 있다. 후성유전학 연구진은 삶의 경험으로 메틸화가 발생해 유전자가 발현되지 않을 수 있을 뿐만 아니라, 메틸화 패턴이 여러 세대에 걸쳐 유전될 수 있다는 사실을 발견했다.

생각을 너무 많이 하는 것이 유전 때문일까? 그렇다. 하지만 **단순히 유전 때문만은 아니다.** 삶은 여전히 앞서 말한 74퍼센트의 영향을 받는다. 다시 말해 환경이 더 중요한 역할을 한다. 타고난 유전자는 우리가 어떻게 할 수 없지만 그 밖의 나머지에는 많은 변화를 줄 수 있다.

유전자 이외에 우리 안에서 불안을 유발하는 또 다른 요인이 있다. 우리 대부분이 습관적으로 생각을 많이 함으로써 문제를 해결했다는 착각에 빠진다. 건강을 걱정하던 제임스가 다양한 원인과 해결책을 끊임없이 파고들면서 문제의 근본 원인을 규명하고 있다고 착각한 것처럼 말이다. 하지만 사실 생각 과잉은 아무런 결론에 이르지 못하는 경우가 대부분이다. 생각을 너무 많이 하는 사람들은 여러 가능성을 분석하고 재고하는 틀에 갇힐 뿐이다. 가려운 곳을 아무리 긁어도 그 순간만 시원할 뿐 가려움이 사라지지 않는 것과 같다.

이 악순환에서 벗어나기 힘든 또 다른 이유는 생각 과잉을 유발하는 불안이 교묘하고 짓궂은 방식으로 작용하기 때문이다. 불안은 우리로 하여금 가장 두려운 상황을 상상하게 한다. 당신은 이미 자신의 생각 과잉을 악화하는 특정한 촉발 요인이 있음을 알아차렸을지도 모르겠다. 이 촉발 요인은 개인의 능력에 관한 불안일 수 있고 특정 사람과의 관계나 신체적, 정신적 건강과 관련된 불안일 수도 있다.

생각이 폭주할 때 단순히 억누르려고만 하면 반대의 결과로 이어지는 경우가 많다. 걱정거리를 더 많이 생각하게 될 뿐이다. 이쯤 되면 손을 쓸 수 없다고 생각할 수 있겠다. 하지만 반드시 병법은 있다. 이 책을 통해 괴로운 악순환에서 벗어날 완벽한 방법을 찾아낼 것이다.

사소해 보이지만 큰 영향을 미치는 습관 때문에 불안이 커져서 생각 과잉에 빠질 수 있다. 소셜미디어를 자주 확인한다든가, 잘 챙겨 먹지 않아 영양 섭취가 충분하지 않다든가, 물을 충분히 마시지 않다든가, 수면 주기가 불규칙하다든가 등 겉보기에는 그렇게 해롭지 않은 습관들로 인해 생각 과잉 성향이 더 심해질 수 있다. 하지만 지금까지 언급한 모든 요인 중 습관은 사실 가장 통제하기 쉬운 영역이다. 이어서 살펴볼 불안의 원인은 개인의 의지에도 쉽게 굴하지 않는다.

스트레스, 환경에서 왔을까?

유전적으로 다른 사람보다 피부가 하얘서 햇볕에 더 잘 탈 수는 있겠지만 실제로 햇볕에 타느냐 마느냐를 결정하는 것은 유전자가 아니다. 태양에 달려 있다. 마찬가지로 유전자가 어떤 식으로든 우리를 불안에 취약하게 만드는 것은 사실이지만 불안을 심화하고 유지하는 데 가장 큰 역할을 하는 것은 삶 자체다. 다시 말해 유전적 취약성과 스트레스를 유발하는 사건이 만나 생각 과잉이 발생한다.

예전에는 정신 장애를 순전히 당사자 내부의 문제라고 보았다. 이를테면 '뇌에 화학물질 불균형이 발생했다'는 식이다. 하지만 이제 우리는 불안을 비롯해 이와 관련한 정신 건강 문제가 극도로 스트레스받는 세상에 놓여 있기 때문에 일어난다는 사실을 안다.

스트레스가 모두 나쁜 영향을 끼치는 건 아니다. '유스트레스eustress'라고 부르는 좋은 스트레스도 있다. 이것은 일상에서 정상적인 압박으로 자극을 주고 긴장감을 유지하게 하며 더 나은 사람이 되고자 도전하게 한다. 하지만 스트레스가 너무 많으면 정반대의 영향을 미친다. 심리적 압박을 느끼고 문제에 제대로 대처할 수 없다고 느낀다.

또한 자극이 전혀 없는 상태에서도 스트레스를 받을 수 있다. 이는 '과소 스트레스hypostress'로 환경에서 오는 저항이 너무 없을 때 발생한다. 우리가 잘 살기 위해서는 스트레스가 전혀 없는 환경이 아니라 딱 필요한 만큼의 스트레스가 있는 환경이어야 한다는 뜻이다.

스트레스와 불안은 다르다. 심리학 박사 세라 에덜먼Sarah Edelman의 설명에 따르면, 스트레스는 외부 환경에서 오는 압박인 반면, 불안은 압박 때문에 내면에서 겪는 경험이다. 같은 스트레스 상황에서 우리는 모두 다르게 반응한다. 각자의 내적 자원과 한계치가 다르기 때문이다. 이때 분노와 우울 같은 다른 감정도 같이 나타날 수 있고 불면증, 소화 불량, 집중력 저하 같은 신체적 증상이 수반될 수 있다.

우리는 살아 있는 한 스트레스를 받는다. 압박, 저항, 불편의 경험은 정상적인 일상의 일부다. 하지만 이런 것들이 **끈질기게 지속된다면**, 그리고 이에 대처할 수 있는 능력을 압도한다면 우리는 완전히 나가떨어진다. 쉽게 우울증이나 불안 장애에 빠질 수 있다.

신체의 투쟁-도피 반응은 우리를 안전하게 지키기 위해 진화했다. 하지만 우리는 고도의 각성 상태를 무한정 유지하도록 만들어지지 않았다. 생각 과잉에 취약한 심리 성향을 타고난

생각 중독

사람이 만성 스트레스에 시달리면 번아웃과 더불어 감당할 수 없을 정도로 압도된 느낌에 빠져들게 된다.

높은 업무 강도, 까다로운 자녀, 감정적으로 진이 빠지는 인간관계, 24시간 쉬지 않고 나오는 뉴스, 정치, 기후 변화, 층간 소음을 일으키는 이웃, 수면 부족, 정크푸드 과다 섭취, 작년에 경험한 충격적인 사건, 바닥난 은행 잔고……. 많은 사람이 감당할 수 없을 정도로 짓눌린다고 느끼는 상황은 사실 평범한 것들이다.

정신과 의사 케네스 켄들러Kenneth S. Kendler는 주요 우울증과 범불안장애가 (사별, 이혼, 사고, 범죄, 심지어 가난과 인종차별 경험 같은 것까지 포함해) '지난달'에 겪었던 매우 충격적인 사건과 밀접하게 관련되어 있다는 사실을 밝혀냈다.

일찍이 1986년에 브라운 앤절라Browne Angela와 핑클허 데이비드Finkelhor David가 발표한 연구 〈아동 성학대의 영향Impact of child sexual abuse〉를 비롯해 몇몇 다른 연구에서 알아낸 바에 따르면, 성인기의 정신 장애를 예측하는 주요 지표는 어린 시절에 경험한 트라우마, 학대, 방임이다. 2000년 베를린 샤리테 의과대학병원Charité–Universitätsmedizin Berlin의 크리스티네 하임Christine Heim 교수는 어린 시절의 성적 학대가 성인기 여성의 스트레스 민감도에 영향을 미친다고 밝혔다. 실제로 이들은 다른 사람들보다 스트레스에 예민하게 반응했다.

환경적 요인을 생각할 때 우리는 일반적으로 굵직한 사건과 경험에 초점을 맞춘다. 이 중 상당수를 앞서 언급했지만, 이와 다른 의미의 환경적 요인이 영향을 미치기도 한다. 집과 사무실을 비롯한 일터처럼 우리가 많은 시간을 보내는 밀접한 환경이 이에 해당한다. 자신이 공간을 어떻게 구성하고 어떤 분위기를 지향하는지가 불안 정도에 지대한 영향을 미칠 수 있다.

스트레스 대처법으로 "방을 치워라!"라는 조언을 들어본 적이 있다면 바로 이런 이유에서다. 집에서든 직장에서든 어수선한 상태는 불안의 중대한 원인이다. 어수선한 환경에는 자신의 무의식이 반영되기 때문이다. 조명 상태, 냄새와 소음, 벽 색깔, 공간을 함께 사용하는 사람들 등 어떻게 환경을 조성하느냐에 따라 불안과 스트레스 수준을 높일 수도 있고 낮출 수도 있다. 알맞은 조명, 기분 좋은 향기, 차분한 색깔의 벽이 불안 수준을 낮추는 데 얼마나 큰 영향을 미치는지 알면 놀랄지도 모른다.

앞서 언급한 예로 다시 돌아가면, 햇볕에 저항력이 있는 피부 유전자를 물려받은 사람일지라도 강한 햇볕에 반복해서 노출되면 결국 피부가 타고 만다. 그렇다면 피부가 희고 햇볕에 잘 타는 사람을 떠올려보자. 이들은 '햇볕에 잘 타는 유전자'를 물려받아 골치 아플지 모르지만, 특정 행동을 의식적으로 선택해 피할 수 있다(예컨대, 자외선 차단 지수가 높은 선크림을 듬뿍 바를 수 있다). 의도적으로 환경의 영향을 완화하고 삶을 주도적으로 관리하는 것이다. 이는 스트레스 발생의 또 다른 요인인 '자신의 행동과 태도'로 이어진다.

우리를 둘러싼 세계

'유전이냐 환경이냐'는 논쟁은 사실상 답이 나온 셈이다. 어느 한쪽이 아닌 양쪽 모두 영향을 미치는데, 구체적으로는 양쪽이 동시에 영향을 미친다. 우리가 불안을 경험하는지 여부는 다음 두 가지 요인 사이의 관계에 달려 있다.

- 타고난 유전적, 생물학적 특성과 민감성
- 외부에서 발생하는 사건과 압박, 환경의 조건

하지만 이 관계를 얼마나 적극적으로 점검하고 이해하고 의식적으로 통제할 것인지는 저마다 다르다.

불안을 느끼는지 아닌지를 결정하는 데 중요한 영향을 미치는 마지막 요인은 고유의 인지 방식과 정신적 틀, 그리고 여기에서 비롯된 행동이다. 예를 들어, 당신이 이 책을 집어 든 이유는 유전과 환경이 아닌 경험이 영향을 미친 것이다.

우리가 삶을 바라보는 방식 그리고 사물과 내면에서 벌어지는 대화와 자신의 정체성을 이해하는 방식은 유전과 환경의 접점에서 찾아볼 수 있다. "중요한 건 짐이 아니라 짐을 나르는 방식이다"라는 격언이 있다. 어떤 일 때문에 스트레스를 받고 부담을 느끼는지 아닌지는 그 일을 어떻게 받아들이고 이해하는지, 해결하기 위해 얼마나 적극적으로 관여하는지, 다시 말해 어떤 선택을 하는지에 달려 있다.

같은 상황에 처하더라도 사람마다 평가가 매우 다르고 경험은 상황이 아닌 평가에 따라 달라진다. 살면서 어떤 평가를 내리느냐에 따라 결과적으로 스트레스가 더 심해지기도 한다. 예컨대 통제권이 외부에 있는 사람이라면, 다시 말해 스스로 삶을 통제한다고 생각하지 않고 운과 우연, 다른 사람의 영향을 받는다고 생각하는 사람이라면 새로운 상황을 흥미로운 도전이 아니라 위협으로 느낀다. 일단 위협으로 감지하고 나면 실제로 위협당한 듯이 행동하며 불안해한다.

샴고양이로 예를 들어보자. 이들에게는 털에 독특한 색을 내게 하는 유전자가 있다. 하지만 이 유전자는 고정불변이 아니라 기온에 민감하기 때문에 환경에 따라 조건부로 발현된다. 추운 지역에서 샴고양이를 기르면 털색이 더 진한 갈색이 되고 따뜻한 기후에서는 그보다 옅어진다. 따라서 유전자 구성이 동일한 고양이 두 마리일지라도 결과적으로 표현형(phenotype, 유전자의 생리적 발현−옮긴이)이 다르다.

샴고양이를 기르는 사람이 고양이 털색을 밝게 하고 싶어서 따뜻한 기후로 이사 가기로 했다면, 이에 따른 털색은 온전히 유전자 또는 환경 때문이라고 할 수 없다. 사실, 이때의 털색은 유전자와 환경의 상호작용에 따른 결과라고도 할 수 없다. 여기에는 제3의 변수가 작용했다. 주인이 샴고양이의 털색이 어떻게 달라지는지 인식한 점, 그리고 원하는 결과를 얻기 위해 의도적으로 행동한 점이 바로 그 변수다.

우리의 인식, 관점, 자기 감각, 세계관, 인지 모형 모두 중립적인 사건을 해석하는 데 영향을 미친다. 우리는 스트레스에 반응하는 것이 아니라 스트레스에 대한 인식에 반응한다. 그리고 이 인식은 행동을 통해 현실화되는데, 궁극적으로 태도와 세계관을 강화할 수 있다.

앞으로 살펴볼 내용에서는 유전자를 바꾸는 방법(불가능하다)이나 환경에서 스트레스를 없애는 방법(어느 정도 가능하지만 아주 약간일 뿐이다)에 대한 조언을 찾아볼 수 없을 것이다. 그보다 관점을 바꾸기 위해 지금 당장 할 수 있는 모든 일에 집중해 불안과 생각 과잉을 더 잘 관리하는 데 초점을 맞출 것이다.

생각이 지나치게 많은 것은 유전 또는 환경적 요인인 경우가 많지만, 결국 유독 스트레스받는 방식으로 모든 일을 몰아가는 것은 자신만의 독특한 평가 때문이다. 스트레스에 견디는 자기만의 타고난 장점과 기술은 무엇인가? 세상에서 발생하는 난제를 어떻게 바라보는가? 또 이 모든 것이 전개되는 방식을 얼마나 통제할 수 있다고 믿는가? 일상적인 생활 습관은 어떤가? 자존감은 잘 유지되고 있는가? 심리적 경계선은 어떤가? 이는 모두 우리가 바꿀 수 있는 것들이다.

이 책에서는 실용적이고 구체적인 사례를 통해 인지행동치료 방법을 어떻게 삶에 적용하는지 보여줄 것이다. 이러한 기법을 올바로 적용하면 생각 과잉을 막고 뇌가 더 좋은 쪽으로 활용되도록 관점을 재구성하고 행동을 바꿀 수 있다. 또한 스스로 삶을 통제하고 자신에게 권한이 있다는 감각을 강화하게 된다. 두려움이 아니라 희망과 설렘을 느끼는 방법을, 스트레스에 조종당하는 것이 아니라 스트레스를 통제하는 방법을 알아볼 것이다.

다양한 기법을 자세히 알아보기에 앞서 생각 과잉을 방치했을 때 무엇이 위태로운지 생각해보고 자신의 안녕과 행복을 스스로 책임지기로 마음먹어야 한다.

생각 과잉은 우리를 망친다

앞에서 등장한 제임스를 기억하는가? 우리는 고작 한두 시간 그의 머릿속을 들여다보았다. 이제 스물일곱 살인 제임스의 뇌가 단 한순간도 쉬지 않는다고 상상해보자. 이게 어떤 느낌인지 이미 알고 있을지도 모른다. 하지만 사람들은 대부분 걱정과 생각 과잉이 본질적으로 해롭다고 생각하지 않는다. 어쨌든 생각에 불과하지 않은가?

하지만 이 생각은 틀렸다. **불안은 신체, 정신, 심리, 사회 활동, 심지어 영적으로도 영향을 미친다.** 불안에서 비롯한 생각 과잉이 영향을 미치지 않는 삶의 영역은 없다. 위협을 감지하면 시상하부-뇌하수체-부신HPA 축이 자극받는다. 그러면 뇌는 여러 신경전달물질과 호르몬을 분비해 신체에 영향을 미친다. 이것이 바로 전형적인 투쟁-도피 반응이다. 우리 몸은 이를 통해 인식된 위협에서 살아남도록 준비한다.

HPA 계통이 조절 장애를 일으켜 몇몇 정신 질환의 기반이 형성되는 방식을 포괄적으로 서술한 논문 또한 있다.[*] 이 논문에서는 지속적인 스트레스가 생리적으로 미치는 직접적인 영향은 다루지 않았다. HPA 계통에서 스트레스는 건강과 내분비샘, 내분비 기관의 기능은 물론이고 적응 행동, 주관적인 경험인 기분, 우리가 속한 더 넓은 범위의 세상까지 모든 것을 아우르는 복잡한 현상이다.

아이러니하게도 제임스는 건강을 걱정함으로써 실제로 건강을 해치고 있다. 지속적이라고 할 수 있는 스트레스 상황과 과도한 각성 상태를 스스로 만들어냈다. 결국 강도는 낮지만 만성적이며 본질적으로 두려움이라고 볼 수 있는 상태에 빠진다. 큰 점이 건강에 아무런 영향을 미치지 않는다고 깨닫더라도, 점 때문에 느낀 은근한 두려움이 수면의 질과 집중력과 면역력의 저하를 비롯한 여러 가지 진짜 문제를 조용히 불러올 수 있다. 그렇다. 생각 과잉은 '머릿속에만 존재하는 것'이 아니라 온몸에, 모든 행동에, 내가 사는 온 세상에 존재한다!

생각 과잉이 우리에게 미치는 영향은 다음과 같다.

---

[*] Omer, K., Moriya, R., Avichai, T., Alon, B., Yael, K. K., Tomer, M., and Uri, A., "A new model for the HPA axis explains dysregulation of stress hormones on the timescale of weeks", *Molecular Systems Biology*, Vol 16, No 7 (2020).

신체에 미치는 영향

심박수 증가, 두통, 메스꺼움, 근육 긴장, 피로, 입 마름, 어지러움, 호흡수 증가, 근육통, 떨림과 경련, 땀, 소화 불량, 면역력 저하뿐만 아니라 기억력에도 문제가 생길 수 있다. 우리 몸은 급성 스트레스를 잠시 견디도록 설계되었다. 만성 스트레스(지속적인 스트레스)는 심혈관 질환, 불면증, 호르몬 조절 장애 같은 쉽게 회복할 수 없는 건강 질환을 불러올 수 있다. 스트레스 때문에 일상에서 신체적 증상을 겪는 기간이 길어지면 남은 평생 건강에 영향을 미칠 수 있다.

정신과 심리에 미치는 영향

생각 과잉은 에너지 소진과 극심한 피로, 초조, 긴장, 짜증, 집중력 저하, 의욕 저하, 성욕과 식욕 변화, 악몽, 우울증, 통제 불능, 무관심 등을 불러온다. 그에 따른 스트레스 때문에 부정적 사고 패턴과 해로운 자기 대화가 강화되어 자신감이 떨어지고 의욕이 꺾일 수 있다.

이보다 더 경각심을 가져야 할 문제는 따로 있다. 시간이 지날수록 생각 과잉 때문에 사건에 대한 인식이 완전히 뒤틀리는 것이다. 즉, 위험을 더욱 회피하고 더 부정적으로 생각하고 회복력이 떨어지는 방향으로 바뀐다. 계속 스트레스에만 초점을 맞추다 보면, 정상적인 판단력으로 현실을 인식하지 못하게 된다. 현재에 충실하지 못해 삶을 있는 그대로 경험하지 못할 뿐만 아니라 잘못될지도 모를 일이나 이미 잘못된 일에만 집중하느라 기쁨, 감사, 연대감, 창의성 같은 수많은 긍정적 감정을 놓치고 만다.

이는 곧 문제에 맞닥뜨렸을 때 창의적인 해결책을 찾거나 새로운 기회를 포착하거나 지금 잘 되어가는 일에 진심으로 감사하지 못할 가능성이 크다는 뜻이다. 정도가 심하지 않더라도 지속적으로 두려워하고 걱정하면 새로운 무언가를 만날 때마다 두려움과 걱정이라는 필터를 통해 바라보게 된다. 있는 그대로가 아니라 걱정하는 방향으로 해석하는 것이다.

사회 활동과 주변 환경에 미치는 영향

생각 과잉의 영향은 신체와 정신에만 국한되지 않는다. 친밀한 관계가 벌어지고 업무 성과가 떨어지며 다른 사람들을 짜증스럽게 대하게 된다. 따라서 사회 활동에서 점점 멀어져 중독성 있거나 해로운 행동을 할 가능성이 높다. 지속적으로 스트레스받고 불안해하는 사람은 삶의 의미와 기쁨을 잃기 시작하고 더 이상 계획을 세우지 않는다. 그뿐만 아니라 타인에게 관용과 연민을 베풀지 못하고 삶에 대한 열정을 잃는다. 스스로 재난을 만들어내느라 머리가 너무 바삐 돌아가는 사람에게 솔선수범하는 자세나 유머, 남을 존중하는 태도를 찾아보기 힘든 것은 당연하다.

신체적, 정신적, 환경적인 영향이 모두 상호작용해 생각 과잉과 불안이라는 통합된 경험을 만들어낸다. 생각 과잉이 지속되면 몸에 코르티솔을 비롯한 여러 스트레스 호르몬이 넘쳐난다. 그러면 초조해지고 생각 과잉이 더 심해져서 스트레스가 가중되고 자신과 삶에서 느끼는 감정이 달라진다. 이 상태가 되면 (늦게까지 깨어 있거나 질 나쁜 음식을 먹거나 주변 사람들을 밀어내는 등) 나쁜 선택을 할 수 있고, 이 때문에 스트레스의 악순환이 더욱 심해진다. 그러면 업무 성과가 나빠지는 건 물론이고 미루는 습관이 생기거나 스스로 더 많은 걱정거리를 만들어낸다.

환경에서 오는 스트레스와 압박은 중립적이다. 이것들은 우리의 정신 모형(mental model, 일어날 수 있는 사건이나 상황을 묘사하는 마음의 표상─옮긴이)에서 뒤바뀐다. 즉, 실재가 아니더라도 마음속으로 문제라고 판단하면 문제로 인식한다. 반추와 생각 과잉에 빠지면 일상적인 스트레스가 감당할 수 없을 만큼 부정적 패턴으로 바뀐다. 생각이 너무 많으면 불안의 소용돌이에 갇히고 삶과 정신과 신체와 영혼의 모든 면에 파괴적인 영향을 미치는 나쁜 습관에 빠진다.

평생 습관처럼 생각을 너무 많이 했다면 생각 과잉이 원래 성격 일부라고 믿을지도 모른다. 하지만 변화는 이뤄지니 자신감을 갖기를 바란다. 이러한 변화는 생각 과잉이 삶에서 실제로 어떤 역할을 하는지 인식하는 것에서 출발한다. 생각을 너무 많이 하는 사람에게는 다른 사람보다 뛰어난 점이 있다. 대체로 똑똑하고 상황 파악이 빨라서 자신에게 유리한 행동을 취한다는 것이다. 단, 생각 과잉이 도움이 되지 않는다는 것을 인식하는 경우에만 가능하다.

우리 모두 저마다 성향과 회복력의 정도가 다르다. 환경에서 겪는 스트레스의 정도도 다르다. 하지만 경험을 어떻게 평가하고 앞으로 나아갈지는 우리가 가장 잘 통제할 수 있는 영역이다. 생각 과잉은 자연스러운 상태가 아닐뿐더러 필요하지도 않다. 이러한 자기 파괴적인 행동은 마음만 먹으면 적극적으로 그만둘 수 있다. 살면서 스트레스는 피할 수 없지만 생각 과잉은 피할 수 있다! 연습을 통해 뇌가 자신을 위해 일하도록, 사물을 다른 방식으로 바라보도록, 나를 갉아먹는 끊임없는 불안과 스트레스에 저항하도록 훈련하면 된다.

요점 정리

☐ 생각 과잉은 특정 사안을 지나치게 분석하고 평가하고 반추하고 걱정하는 것을 멈출 수 없어서 정신 건강에 영향을 미치기 시작하는 상태를 말한다.

☐ 생각 과잉으로 이어지는 불안의 주요 원인은 두 가지다.

첫 번째는 자기 자신이다. 안타깝게도 어떤 사람들은 유전적으로 다른 사람보다 불안이 더 심한 성향을 타고난다. 하지만 유전자가 유일한 요인은 아니다. 생각을 많이 하면 그 문제를 어떻게든 해결하고 있다고 착각하기 때문에 습관적으로 생각 과잉에 빠질 수도 있다. 생각 과잉에는 끝이 없어서 상황을 개선하기 힘들지만, 그럼에도 우리는 어느 정도 이를 풀어가고 있다고 느낀다. 이러한 악순환에 빠져 생각 과잉에서 벗어나기 힘들어지기도 한다.

☐ 두 번째는 환경이다. 환경은 두 가지 측면에서 생각해볼 수 있다. 먼저 집과 사무실처럼 우리가 대부분의 시간을 보내는 밀접 환경이다. 이 공간이 설계된 방식은 불안 수준에 큰 영향을 미칠 수 있다. 어수선하고 어둡고 시끄러우면 우리는 더 불안해진다.

다음으로는 세계와 상호작용하며 폭넓은 경험을 하는 과정에서 형성되는 사회, 문화적 환경이다. 예컨대 인종차별이나 성차별 경험으로 스트레스를 받고 불안이 높아질 수 있다.

☐   생각 과잉은 여러 부정적인 결과를 낳는다. 여기에는 신체적, 정

신적 문제는 물론이고 장기적으로 문제가 될 수 있는 사회 활동

의 어려움도 포함된다.

2장

×

스트레스 버리기

조종당할 것인가, 조절할 것인가

지금까지 생각 과잉이 무엇인지, 그 이면에는 주로 무엇이 작용하고, 그것이 어떤 식으로 삶의 안녕과 행복을 느끼는 기반을 약화하는지 알아보았다. 또한, 이를 바로잡으려면 정신 모형과 세상을 바라보는 방식의 변화가 핵심이라는 것도 살펴보았다. 모든 것은 불안을 야기하는 스트레스로 시작된다. 우리는 스트레스를 해소해야만 한다!

　　스트레스받기로는 프로급이고 걱정하기로는 올림픽 경기에 출전하고도 남을 앤지의 사례를 살펴보자. 앤지는 자신이 모든 일을 지나치게 많이 생각해서 스트레스를 너무 많이 받는다는 사실을 **이미 알고 있다.** 눈이 있는 사람이라면 누구나 앤지의 상황을 알 수 있을 정도다. 문제는 이걸 어떻게 해결하느냐였다. 사람들은 이렇게 말했다.

"그냥 마음을 편히 먹고 좀 쉬어봐."

당연히 사람들의 뜬구름 잡는 조언은 아무런 도움이 되지 않는다. 앤지는 골치를 앓으며 상당한 시간과 노력을 들여 억지로 장기 여행을 예약할 테고, 결국엔 더 큰 스트레스를 받을 것이다. 혹은 여행지에서 마사지를 받으며 마음껏 호사를 누리는 일에 즐거운 척할 수밖에 없을 수 있고 어쩌면 고요한 마사지실에 앉아서 휴가가 끝나고 집에 돌아가자마자 마주하게 될 스트레스만 생각할 수도 있다.

앤지의 문제는 '스트레스 해소'가 무엇인지 몰라 해소 방법을 찾을 수 없다는 것이다. 그녀는 "마음을 비우라"라는 말을 듣고는 긴장을 풀고 쉬려면 하는 일을 줄여야 할 것 같다고 생각했다. 그러자 아이러니한 일이 벌어졌다. 걱정되는 일을 생각하지 않으려고 할수록 그 일에 점점 더 집중하게 되었고, 아무것도 하지 않으려고 애쓸수록 점점 더 그러기가 불가능한 상태에 빠졌다!

이번 장에서는 스트레스에 관해 다른 책에서 다룬 단순하고 뻔한 조언을 나열하거나, 명상해야 하는 여러 이유를 늘어놓는 데서 한발 더 나아갈 것이다. 생각이 너무 많은 사람에게 일반적인 스트레스 해소법을 조언해봤자 대부분 소용없다. 경우에 따라서는 앤지처럼 상황이 더 나빠질 뿐이다. 대신 우리는 다음과 같은 방법으로 생각을 전환해야 한다.

- 사고 과정을 의식적으로 인식한다.
- 스트레스를 적극적으로 관리한다.
- 실제 세계에 생각을 집중하는 현실적인 기법을 배운다.

스트레스 해소의 핵심 목표는 생각이 너무 많을 때 우리 머릿속에서 무슨 일이 일어나는지 정확히 짚어내는 것이다. 우리를 자극하는 요인을 파악하는 것은 물론이고, 일단 시작된 생각 과잉이 어떤 영향을 미치는지 알아내는 것까지 포함한다. 이 과정을 명확히 파악한다면 해당 정보를 바탕으로 조치를 할 수 있다. 하지만 이에 앞서 가장 먼저 필요한 일은 무엇일까? 바로 **인식**이다.

생각 과잉을 극복하고 스트레스 수준을 관리하는 방법의 기초부터 알아보자. 모든 경우에서 가장 중요한 일은 계속 자신을 '인식'하는 것이다. 여기에서 말하는 인식이란 반추가 아니다. 자신을 인식하는 상태란 상황을 판단하거나 집착하거나 저항하지 않으면서, 내면은 물론이고 외적 경험에도 주의를 기울이는 상태를 말한다.

사실 생각이 너무 많은 사람이 할 수 있는 최고의 기술은 인식과 불안을 구분하는 것이다. 인식은 중립적이고 편안하고 고요하다. 반면 불안에는 감정이 담겨 있고 그 감정에 휩쓸리는 경우가 많다. 생각이 너무 많은 사람은 단순히 인식이 필요한 상황에서도 불안에 빠져드는 일이 잦다.

다시 앤지를 살펴보자. 다들 그녀에게 '생각을 너무 많이 하지 말라'고 조언한다. 앤지는 반추에 빠지면 기분이 정말 안 좋아져서 자연스레 그냥 생각 자체를 하지 말아야겠다고 마음먹는다. 그 결과 회피에 가까운 태도를 보인다. "그냥 멈춰. 그쪽으로 가지 마!" 스트레스받거나 생각이 너무 많다고 깨닫는 순간 재빨리 그 감정에서 도망치려고 하는 것이다. 문제는 회피의 대가로 인식을 잃는 상황이다.

즉, 우리는 불안해지지 않고도 불안을 인식할 수 있다! 몸의 감각, 생각, 감정을 주기적으로 '확인'함으로써, 생활 방식에 알맞게 원하는 것을 얻음으로써, 일상생활에서 어떤 형태든 마음챙김을 함으로써 인식 능력을 기를 수 있다.

다음과 같은 상황을 가정해보자. 긴 하루가 끝나고 매우 지쳤다. 아침 회의에 늦었고 동료와 말다툼을 했다. 업무가 또다시 쏟아졌다. 창밖의 공사 현장에서 종일 들리는 소음 때문에 미칠 것만 같다. 할 일이 너무 많아서 한계에 다다랐다고 느끼는 찰나 남자 친구에게서 "우리 얘기 좀 해"라는 아리송한 메시지를 받았다.

연달아 문제가 생기고 스트레스가 쌓이면 감당할 수 없고 짓눌린다고 느낀다. 주의를 집중해야 할 과제와 위기가 끊이지 않는 상태에서 엄청나게 빠른 속도의 테트리스 게임을 하는 것만 같다. 이런 상황에서 많은 사람이 스트레스에 속수무책이라고 여기지만(생각만 해도 스트레스다!), 무슨 일이 일어나고 있는지 알아차릴 방법은 있다. 멈춰서 심호흡하고 다음을 구분해보자.

• **불안**

지금 너무 많은 일이 일어나고 있어서 대처할 수 없어. 비명이 터져 나오기 직전이야! 아무도 날 존중하지 않아. 더는 못하겠어. 그의 메시지는 무슨 뜻이지? 왜 이런 일이 자꾸만 일어나는 거야?

- **인식**

지금 많은 일이 일어나고 있어. 심장 박동이 빨라지고 어쩔 줄 몰라서 허둥지둥하고 있군. 머릿속에서 생각이 폭주하는 게 느껴져.

'불안' 상태에서는 판단, 자의적 해석을 계속 하고 있는 것이 보이는가? '인식' 상태에서는 무슨 일이 일어나고 있는지 의식적으로 수용하고 부정적인 판단, 저항을 하지 않고 상황을 있는 그대로 받아들인다는 것을 알겠는가? 이뿐만 아니라 단순히 스트레스에 휩쓸리지 않고 다음에 하고 싶은 일을 선택할 수 있는 일말의 기회와 가능성을 스스로 만들어내고 있다는 것을 알겠는가?

사람들은 스트레스를 완전히 없애는 것이 스트레스 관리라고 착각한다. 그것은 불가능하다! 자신을 무감각하게 만들거나 스트레스를 받아들이는 능력을 떨어뜨리라는 것도 아니다. **불안을 유발하는 서사나 판단을 덧붙이지 말고 그저 인식해야 한다는 의미다.** 이렇게 할 수 있게 된 다음에는 삶에서 피할 수 없는 스트레스에 어떻게 대처할지 선택할 수 있다. 그렇다면 우리에게 어떤 선택지가 있는지 살펴보자.

폭풍우 속에 구명정 띄우기:
4A 스트레스 관리법

이 기법은 종합병원 메이오 클리닉Mayo Clinic에서 처음 제시한 뒤로 전 세계의 심리치료사, 코치, 의사, 일반인이 다양한 방식으로 꾸준히 활용하고 있다. 불안에 접근하는 단순하지만 체계적인 방법으로, 스트레스와 생각 과잉이 만들어낸 폭풍우 속의 '구명정'이라고 할 수 있다. 바로 4A인 **회피Avoid, 변경Alter, 수용Accept, 적응Adapt**만 기억하면 된다. 이 네 가지 방법으로 삶의 모든 스트레스에 대응할 수 있다는 것을 알아둠으로써 위안이 될 것이다.

첫 번째 대처법은 **회피**다. 의심스러울 정도로 단순하게 들릴 것이다. 하지만 삶에는 굉장히 나쁜 상황이라 해도 그냥 지나칠 수 있는 경우가 많다. 삶의 모든 부분을 통제할 수는 없지만 스트레스받는 상황에 부닥치거나 스트레스를 주는 사람들과 함께하지 않도록 환경을 조성할 수는 있다. 삶의 스트레스

중 많은 부분은 스스로 만들어낸 것일지도 모른다. 우리가 스트레스에 하나하나 부응할 필요는 없다.

지금 처한 환경에서 무엇이 스트레스를 주는지, 그 스트레스를 완화하거나 완전히 없애기 위해 어떤 방식으로 통제할 수 있는지 생각해보자. 토요일 아침의 붐비는 슈퍼마켓을 극도로 싫어하는 사람이 있다고 해보자. 이런 상황에서 스트레스받는다는 것을 안다면 일정을 조정해 사람이 가장 적은 화요일 저녁에 장을 보면 된다. 혼잡한 슈퍼마켓에서 받는 스트레스를 완전히 피한다면 덩달아 이를 관리할 필요도 없다.

이와 같은 방식으로 스트레스를 주는 사람도 피할 수 있다. 혹시 명절을 맞아 부모님이 집에 와서 머무를 때 스트레스가 하늘을 찌르는가? 그렇다면 부모님을 근처 숙소에 머무르게 할 방법을 찾거나, 같은 공간에 머물더라도 몇 시간 동안 아무런 할 일 없이 서로 스트레스를 주고받는 일이 없도록 계획하자.

스트레스 회피를 두고 의무에서 도망치거나 진짜 문제를 부정하는 것이라 말할 순 없다. 불필요하고 해로운 스트레스에 "싫어"라고 말하는 법을 배우는 과정일 뿐이다. 우리는 나 자신과 나의 자원을 너무 많이 요구하는 상황과 사람을 언제든 거절할 수 있다. **삶에 벌어진 어떤 일이 시간을 몽땅 잡아먹는다면 그 일을 거절할 권리가 있다.**

할 일 목록을 펼쳐보자. 그리고 급하지 않거나 우선순위가 떨어지는 일 두어 가지를 지우자. 다른 사람에게 일을 위임하거나 책임을 넘겨도 된다. 모든 일을 직접 해결할 필요는 없다! 따라서 앞으로 스트레스받을 것 같은 상황에 직면하면 스스로 질문해보자. "이 모든 것을 피할 수 있는가?" 그리고 피할 수 있다면 피하자.

피할 수 없다면 상황을 바꿀 방법을 찾아야 한다. 즉, 상황 **변경**을 시도해야 한다. 다른 사람들에게 행동을 바꾸라고 요구하는 선택지도 늘 존재한다. 예컨대 바깥 공사 현장에서 시끄러운 소리가 난다면, 중요한 통화를 해야 하니 10분 만이라도 공사를 멈춰달라고 현장 담당자에게 정중하게 요청할 수 있다. 아무 말도 못 하고 끙끙 앓지 말고 요구 사항과 감정을 직접적으로 전달해야 한다. 친구의 바보 같은 농담 때문에 상처받았으면서도 감정을 분명히 알리지 않는다면 조용히 앉아서 그 상처를 홀로 영원히 견뎌야 할지도 모른다. 감정을 솔직하게 말하고 그만하라고 요구하는 편이 훨씬 나은 일이다.

삶의 스트레스를 모두 피할 수는 없다. 하지만 일이 전개되는 방식에는 관여할 수 있다. 사람들과 대화하고 협상하자. '나'를 주어로 한 문장을 사용해 요구 사항을 이야기하고 원하는 것을 얻어내는 것이다. 슈퍼마켓에 갈 시간이 토요일 오전밖에 없다면, 휴대폰으로 오디오북을 들으면서 장을 보는 일처럼 긴장을 풀 방법을 찾아보자. 귀찮은 학부모 모임에 참석해야 하는 상황이라면, 다른 자잘한 할 일들과 함께 처리하자. 시간과 노력은 물론이고 자동차 연료도 절약하게 된다. 피할 수 없는 일을 관리하기 쉽게 잘게 잘라 줄이는 것과 같이 상황을 변경하기 위해 할 수 있는 일은 많다. 지루한 파티에 가는 것을 피할 수 없다면, 파티 장소에 도착해서 "아쉽지만 난 한 시간 뒤에 가야 해. 내일 아침 일찍 일정이 있어서!"라고 먼저 말하면 된다.

스트레스 요인을 피할 수 없다면 그것을 없애기 위해 무엇을 할 수 있는지 스스로에게 질문해보자. '할 수 있는 일이 많지 않다'는 답을 얻었다면 그다음 단계로 나아가 그것을 **수용**해야 할 수도 있다.

그렇다면 싫은 상황을 어떻게 수용할 수 있을까? 먼저, 싫으면 싫은 것이라고 있는 그대로 받아들여야 한다. 수용은 싫다고 느끼는 사기감정을 부정하는 척하는 게 아니다. 그런 감정을 느껴도 괜찮다고 인정하는 것이다. 자기감정을 있는 그대로 받아들여야 한다. 남자 친구에게 문자 메시지로 이별을 통보받았다고 가정해보자. 그의 결심을 바꾸기 위해 내가 할 수 있는 일은 무엇일까? 거의 없다. 하지만 친구에게 전화를 걸어 자신의 감정을 털어놓음으로써 상황을 수용하려고 노력할 수는 있다.

나에게 잘못한 사람을 용서할 방법을 찾으려고 애쓰는 것도 일종의 수용이다. 용서는 상대방이 아니라 자신을 위한 일임을 기억하자. 상대방에게 분노하고 그 사람을 비난하는 스트레스와 에너지에서 자신을 자유롭게 풀어주는 행위다.

수용은 사건을 바라보는 방식에도 미묘한 변화를 준다. 사건 자체를 바꿀 수는 없지만 내면에서 그것에 대해 말하는 방식과 사용하는 언어를 신경 쓸 수는 있다. 이를테면 "이번에 들은 강좌 시험은 완전히 망쳤어. 돈만 버린 셈이야. 공부를 더 열심히 해야 했는데 이렇게 바보 같다니"라고 말하는 대신, "몇 문제 실수해서 기분이 썩 좋지 않아. 하지만 이번 시험만으로 나라는 사람을 규정할 순 없어. 실수에서 배우고 앞으로 나아가는 거야. 다음엔 더 잘할 수 있어"라고 말하는 것이다.

수용은 일어난 일을 무작정 수긍하거나 좋게 생각해야 한다는 게 아니다. 그 일을 바꾸려고 노력하지 말아야 한다는 것 또한 아니다. 현실적으로 바꿀 수 없는 부분은 품위 있게 받아들이고 할 수 있는 일에 집중해야 한다는 뜻이다.

장기적으로 보았을 때 **적응**할 수 있는 상황이라면 우리는 스트레스를 받더라도 최선을 다한다. 적응은 세계관, 목표, 인식과 기대에 지속적인 변화를 추구하는 것을 뜻한다. 모든 일이 자신의 기준에 부합하지 않는 것 같아서 늘 스트레스받는 완벽주의자를 떠올려보자. 이 사람에게 가장 좋은 접근법은 슈퍼맨이 될 방법을 찾는 것이 아니라 더 합리적이고 현실적인 방향으로 기대치를 낮추는 것이다.

　스트레스에 적응하는 것은 삶에 더 잘 대처하고자 '자신을 바꾼다'는 뜻이다. 우울한 생각을 하지 않으려 노력하고 의도적으로 낙관적인 사람이 되고자 연습하는 것도 방법이다. 관점을 바꾸면 상황을 달리 바라보게 된다. 같은 일이 '위기'가 될 수도, '도전'이 될 수도 있다. 시련이 닥쳤을 때 자신에게 "삶은 불공평해. 이번 일도 다른 일과 마찬가지로 나쁘게 끝나겠지?"라고 말할 때와 "난 강한 사람이야"라고 말할 때의 상황은 다르다.

　스트레스에 적응하면 스스로 더 강해지는 방법을 찾게 되고 자연스럽게 자신에게 힘을 실어주는 세계관을 구축한다. 예를 들어, 매일 감사하기나 운이 좋았다고 느낀 일을 기록하는 습관이 생길 수 있다. 또는 자기만의 규칙을 세워 명상을 하거나 자신은 강한 사람이라고, 역경을 이겨내는 사람이라고 스스로 다짐할 수도 있다. 태도, 신념, 철학, 영감 같은 것을 무기 삼아 스트레스를 관리할 수 있다는 자신감을 갖고 세상에 나갈 수 있다. 이를 통해 스스로 더 나은 사람이 되는 것이다!

지금까지 4A 스트레스 관리법을 알아보았다. 불안이 느껴지면 하던 일을 멈추고 이 방법을 차례로 떠올려보자. 아무리 스트레스가 심한 상황일지라도 현재를 인식하고 능동적으로 대처할 방법이 있다. 스트레스 앞에서 무력한 존재가 아니라 상황에 따라 마음대로 활용할 도구가 있는 것이다.

직장에서 매일 스트레스 주는 동료를 예로 들어보자. 스스로 어쩔 수 없는 일이라고 되뇌며 스트레스에 짓눌리지 말고, 잠시 멈추어 그 동료를 '회피'할 수 없는지 자문해보자. 구내식당에서 그 사람과 마주치지 않기 위해 다른 시간에 점심을 먹거나 물리적으로 멀리 떨어진 곳으로 이동해서 일할 수 있다. 하지만 피할 수 없는 주간 업무 회의 때 동료가 자꾸 말을 자르고 아이디어를 훔치는 일이 잦아서 스트레스를 가장 많이 받는다고 가정해보자.

이때는 상황을 '변경'할 방법을 생각해야 한다. 회의에 빠질 수 있는 위치인가? 그 동료와 개인적으로 이야기 나누며("요즘 회의 시간마다 불편해요. 내가 말하는 도중에 끼어들면 무시당하는 기분이 들어요.") 우려를 전달할 수 있는가? 회의 도중에 불만을 터뜨리며 선을 넘지 말라고 강력하게 주장할 수 있는가?

현실적으로 이 모든 것이 불가능하다면 상황을 어느 정도 '수용'할 수 있다. 친한 친구에게 좌절감을 털어놓고 상황을 받아들이는 것이다. 또는 동료가 모든 사람의 말에 끼어든다는 사실을 깨달으면 더 이상 상황을 개인적으로 받아들이거나 스트레스를 받지 않을 수 있다.

끝으로 더 자신감 있고 자기주장을 잘하는 사람이 되도록 노력해 상황에 '적응'할 수 있다. 다른 사람들과 마찬가지로 자신에게도 말할 권리가 있다고 진심으로 믿는다면, "미안하지만 내 말 아직 안 끝났어요"라고 자신 있게 말하고 하던 말을 침착하게 이어갈 수 있다.

쉽게 터지는 감정에 회복력 더하기: 스트레스 일기

매일 겪는 스트레스를 더 잘 인식하기 위한 구체적인 방법 중 한 가지는 스트레스를 모두 기록하는 것이다. 생각 과잉에 빠지면 한 번에 처리해야 할 일이 백만 가지쯤 되는 것처럼 느껴져 불안의 진짜 원인이 무엇인지 판단하기 힘들어진다.

펜실베이니아 주립대학교의 연구진은 온라인 일기 쓰기 프로그램을 시작한 지 한 달 뒤에 긍정적 영향을 주는 일기 쓰기positive affect journaling, PAJ가 감정 조절 능력 향상, 안녕과 행복감 향상, 우울감과 불안 감소와 상관관계가 있음을 밝혀냈다.* 스트레스 일기란 15분에서 20분 정도 시간을 내서 지난 3일에서 5일 사이에 겪었던 충격적인 일을 기록하는 일이다. 글을 써나가면서 차츰 긍정적인 효과, 즉 좋은 감정으로 초점이 옮겨진다.

일기를 쓸 때 다음과 같은 질문을 스스로 던질 수 있다.

- 다른 사람에게 어떤 도움을 받았는가?
- 감사할 만한 일은 무엇인가?
- 내가 추구하는 궁극적 가치와 원칙은 무엇인가?

PAJ를 활용해 최근에 누군가와 벌인 심한 말다툼을 해결할

---

* Joshua, M. S., Jillian, A. J., Brandon, J. A., Erik, L., Giampaolo, T., and Christopher, N. S., "Online Positive Affect Journaling in the Improvement of Mental Distress and Well-Being in General Medical Patients With Elevated Anxiety Symptoms: A Preliminary Randomized Controlled Trial", *JMIR mental health*, Vol 5, No 4 (2018).

수도 있다. 자리에 앉아서 감정을 글로 옮기기에 앞서 약간 '분출하는' 시간을 갖는다. 예를 들면 "걔가 그런 말을 하다니! 자기 말이 내게 어떻게 들릴지 생각하지도 않고 내뱉어서 너무 화가 났어"처럼 말하는 것이다. 하지만 글로 쓸 때는 긍정적인 어휘를 사용해 스트레스를 받은 상황을 차츰 다른 각도에서 바라볼 수 있어야 한다. 가령 이런 방식이다.

후회할 말을 내뱉기 전에 그 자리를 떠나 흥분을 가라앉혀서 다행이었다. 그렇게 한 내가 자랑스럽다. 이 일의 좋은 점을 한 가지 꼽자면 우리가 몇 년 전에 진작 나누었어야 할 어려운 대화를 마침내 하고 있다는 것이다.

스트레스받는 생각을 단순히 곱씹기만 하는 것이 아니라, 반추를 활용해 문제를 해결하는 것이다. 일기를 쓰면서 내 관점을 서서히 바꾸면, 스트레스받는 사건이 일어나는 순간에도 긍정적인 관점으로 전환할 수 있다. 앞서 언급한 연구에서 발견한 흥미로운 사실은 PAJ를 활용한 사람들의 감정 회복력 측정 점수가 더 높았다는 것이다. 다시 말해 PAJ를 활용한 사람들은 스트레스 상황에서 회복할 수 있다고 더 굳게 믿었다.

이 연구 결과는 스트레스 해소법을 통해 불안을 회피하는 것만이 장기적인 관점에서는 효과가 없을 가능성이 높다는 증거이기도 하다.

생각 과잉과 스트레스로 지친 뇌를 쉽게 흥분하고 말을 듣지 않는 개에 비유해보자. 그리고 앞서 설명한 기법을 이 개가 넓은 들판을 수십 바퀴 돌 수 있게 해주는 방법이라고 생각해보자. 들판을 뛰던 개는 결국 지치기 마련이다.

훈련은 개가 힘이 빠진 뒤에야 가능하다. 그러나 흔히 말하는 스트레스 관리법을 통해 개를 어딘가에 묶어놓기만 한다면 단기적으로는 약간의 통제가 가능할지 모르지만, 개는 여전히 (어쩌면 더) 흥분하기 쉬운 상태일 것이다. 그리고 정신적으로 지친 상태라면 당면한 문제를 더 명확하게 생각하지 못할 것이다.

스트레스 일기의 효과를 발휘하게 할 유일한 비결은 더 긍정적인 방향으로 나아가고 있는지 꾸준히 확인하는 것이다. 단순히 감정을 분출하고 불평만 해서는 안 된다. 시간이 지남에 따라 더 건강하고 균형 잡힌 표현으로 바꾸도록 해야 한다. 이를 위해서는 앞서 언급한 질문을 자신에게 계속 던져야 한다. '이 모든 일에서 무엇을 얻는가? 이 상황이 어떻게 내게 이득이 되는가?'라는 식의 직접적인 질문도 괜찮다.

스트레스 일기를 다른 용도로 활용해보자. **스트레스 일기를**

쓰면 촉발 요인과 그에 대한 반응을 정확히 파악하는 데 도움이 된다. 이를 출발점으로 삼아 스트레스 수준을 관리하기 위한 적극적인 조치를 할 수 있다.

앤지가 스트레스 해소에 성공하지 못한 이유는 스트레스받는 생각을 정면으로 마주하지 않고 본질을 회피한 탓이다. 즉 스트레스의 실체를 제대로 인식하지 못했기 때문이다. 이는 스트레스로 인한 문제가 있다는 것을 알지만 스트레스가 정확히 어디에서, 왜, 어떻게, 언제 오는지 모른다는 뜻이다. 앤지가 이 문제를 해결하기 위한 첫걸음조차 내디딜 수 없는 이유이기도 하다. 앤지는 스트레스에 관한 질문을 받으면 몹시 당황하며 "글쎄요……. 일 때문이겠죠"라고 대답할 것이다. 어쩌면 더 애매모호하게 "삶 자체가 스트레스죠!"라고 대답할지도 모른다. 하지만 정확히 일의 어떤 부분으로 스트레스를 받는지는 모른다.

스트레스 일기는 객관적이고 활용하기 좋은 자료다. 단순히 스트레스 수준과 그에 관한 정보를 기록하는 것이지만, 나중에 일기를 분석해 스트레스 관리에 필요한 조치를 할 수 있다. "스트레스받아요"라는 말은 구체적이지도 않고, 이 말만으로는 실제로 활용할 만한 조언도 전혀 얻을 수 없다. 누군가 이런 식으로 말하면 사람들은 어깨를 으쓱하며 "요가를 해보는 건 어때요?" 정도로만 반응할 것이다. 어쩌면 '스트레스받는다'라는 생각이 스트레스를 더 많이 유발할 수도 있다. 단순히 스트레스받는다는 사실을 알았다는 것만으로는 구체적인 해결책을 모색할 수 없기 때문이다.

하지만 "온라인 화상 회의를 몇 건이나 연달아 하는 게 정말 힘들어요. 감당이 안 되고 불안감마저 느껴요"라는 말은 다르다. 앞서 언급한 '스트레스받아요'보다는 '화상 회의 때문에 어려움이 있다'는 명확한 인식이 불안을 덜 느끼게 할 가능성이 높다. 문제의 세부 내용과 특성을 파악하면 앞으로 적용해야 할 해결책을 알 수 있어서다.

스트레스 일기를 통해 구체적으로 인식하는 방법은 간단하다. 일기를 쓸 때 항목마다 날짜와 시간, 그리고 그때 기분을 기록하는 것이다. 일반적으로는 전혀 스트레스받지 않았으면 1점, 극도로 스트레스받았으면 10점을 주는 식으로 점수를 매기지만, 감정을 글로 표현하거나 손바닥에 땀이 났다 같은 신체 증상을 기록할 수도 있다. 이뿐만 아니라 스스로 느낀 효율과 생산성 정도를 점수로 표시할 수도 있다. 그런 다음, 최근에 스트레스받은 사건과 스트레스의 원인으로 짐작되는 것들을 모두 기록한다. 불안과 생각 과잉이 실제로 어떤 모습인지 입체적으로 묘사하려고 해보자. 끝으로 스트레스를 준 사건에 자신이 어떻게 반응했는지, 종합적인 결과는 무엇인지를 기록한다.

스트레스 일기만으로도 불안에 접근하는 사고방식에 중대한 변화를 꾀할 수 있다. 스트레스와 생각 과잉을 알아차린 뒤에는 (앤지처럼) 비명을 지르며 도망치지 않고 호기심을 갖게 된다. "뭔가 나쁜 일이 일어나고 있어. 이걸 멈춰야 해"라고 말하면서 그 생각을 떨치기 위해 뭐든 닥치는 대로 하지 않고, 실제로 무슨 일이 벌어지는지 관심을 갖고 스스로 질문한다.

예를 살펴보자.

2월 4일 9시 15분
아빠가 어깨 수술을 받아야 한다는 걱정스러운 메시지를 받았다. 약간 불안하고 피곤했다(10점 만점에 4점 정도). 배 속에 뭐가 꽉 막힌 이상한 느낌이 들어 일에 집중하기 힘들었다(업무 효율 10점 만점에 1점). 아빠에게 나쁜 일이 일어나면 어쩌나 걱정하느라 그런 것 같다. 아직 메시지에 답장하지 않아서 더 불안에 빠지는 기분이다.

기분이 달라지거나 스트레스가 눈에 띄게 승가할 때마다 기록을 추가하자. 심경에 큰 변화가 있거나 주의를 기울일 만한 일은 추적 관찰해야 한다. 판단하거나 해석하지 말고 자료를 수집하는 데만 집중하도록 해야 한다. 일기를 쓰는 동안 불안을 '알아차렸다고' 해서 반드시 불안을 '실제로 경험하는' 것은 아님을 명심하자.

며칠 또는 일주일 정도 스트레스 일기를 작성한 다음 차분하게 분석하며 패턴을 파악한다.

- 가장 빈번한 스트레스 원인은 무엇인가? 다시 말해, 스트레스가 갑자기 상승하거나 기분이 나빠지기 전에 주로 어떤 일이 벌어지는가?
- 이런 일들이 일반적으로 생산성에 어떤 영향을 미치는가?
- 이런 일을 겪으면 주로 어떤 감정을 느끼며 어떻게 행동하는가? 이 일에 접근하는 방식은 효과가 있는가?
- 스스로 적당하다고 느끼면서 생산성에 도움이 된 스트레스 수준을 파악할 수 있는가?

마지막 항목을 통해 우리가 맹목적으로 스트레스를 해소하려고 서두를 때 잊기 쉬운 점에 주목해보자. **어느 정도의 스트레스는 삶에 필요하다는 것이다.** 스트레스 일기를 쓰면 최적의 스트레스 범위를 파악하는 데 도움이 된다. 이를테면 10점 만점에 2, 3점 정도의 스트레스를 받는 수준에서는 비교적 편안하고 생산성과 효율이 극대화된다는 사실을 파악할 수 있다. 자신에게 가장 효과적인 스트레스 '수준'뿐만 아니라 도움이 되는 스트레스 '종류'도 알아낼 수 있다.

스스로 작성한 스트레스 일기를 분석하면 상황을 정확히 이해할 뿐만 아니라, 변화를 모색하는 데 도움이 될 만한 자료를 얻게 된다. 또한 그 순간을 글로 기록할 때 비로소 패턴을 명확하게 파악할 수 있다는 사실을 깨닫고 놀랄지도 모른다.

일기를 지나치게 깊이 분석하지 않도록 주의하자. 스트레스 일기의 목표는 일기를 쓰면서 알게 된 사실로 자신을 비난하거나 나쁜 감정에 빠지기 위한 것이 아님을 기억해야 한다. 다시 말해 판단이 담겨 있으면 안 된다. 그 무엇도 판단하지 말고 공감하고 호기심 어린 태도와 열린 마음으로 접근해야 한다.

스트레스 일기를 영원히 쓸 필요는 없다. 사실 몇 주 쓰고 나면, 스트레스가 발생할 때 그 과정을 반사적으로 수행하게 되어 스트레스를 저절로 인식한다. 교통 정체에 시달리던 어느 날, 내가 교통 정체를 겪을 때마다 똑같은 생각이 꼬리에 꼬리를 물고 떠오른다는 사실을 알게 될 수 있다. 이런 경험을 자주 하면 다음에는 교통 정체를 겪기도 전에 인식하고 불현듯 인식의 창이 활짝 열려 선택이 가능해진다. **생각 과잉이라는 똑같은 길을 다시 밟고 싶은가? 그 길의 끝이 무엇인지 다 알면서도?**

생각 중독

삶에서 받는 스트레스의 실제 원인을 파악하고 나면 4A 기법을 활용해 조치하거나, 생활 방식을 재정비하거나, 스트레스를 덜 받도록 일정을 조정할 수 있다. 만약 모든 스트레스가 한 사람 때문이라는 것을 파악했다면 인간관계에 몇 가지 경계를 설정할 수 있겠고, 평소에 화를 잘 내서 상황을 악화시킨다면 화를 다스리려고 노력할 수 있다. 직장 일이 지속적인 걱정의 원인이라면 상황이 얼마나 나쁜지 판단해 (휴가를 내는 등의) 단기적인 방법이나 (이직과 같은) 장기적인 방법을 실행하면 된다.

앞서 언급한 형식이 아닌 다른 방식으로 기록하더라도 도움을 받을 수 있다. 매일 또는 이따금 기존 일기 형식으로 기록하며 좀 더 넓은 범위에서 감정을 살피는 것이다. 글로 쓰는 것만으로도 스트레스를 해소할 수 있을 뿐만 아니라 생각을 정리하고, 문제를 해결하고, 삶을 통찰하는 데까지 도움이 된다. 일기가 비공식 심리치료사 역할을 하는 셈이다!

자신이 좋아하는 것과 현재 상황을 고려해 일기 종류를 선택해도 좋다. 우울한 기분 때문에 힘들고 일상적으로 불안을 느껴 모든 것이 불안의 영향을 받을 때는 감사 일기가 도움이 될 수 있다. 매일 감사한 일을 다섯 가지씩 써보자. 아침에 마신

커피 한 잔이나 새로 신은 예쁜 양말처럼 사소한 일도 좋다. 이렇게 하면 자기가 가진 자원과 가능성을 바라보는 관점이 바뀌어 경험을 새롭게 바라볼 수 있다.

충격적인 사건을 경험하고 회복하는 중이거나 매우 힘든 시기를 겪고 있다면 일기를 쓰며 단순히 감정을 토해내도 좋다. 모든 감정을 종이에 '쏟아버리고' 헤쳐나가는 것이다. 일단 종이에 쓰고 나면 자연스럽게 자신을 이해하게 되고 앞으로 나아갈 방향에 대해 힌트를 얻을 수 있다.

스트레스가 지속된다면 불릿 저널bullet journal을 시도해보자. 불릿 저널은 매일의 목표, 우선순위, 기억을 짧은 메모로 기록하는 방식이다. 간결한 기록은 하루를 정돈하고 삶에 체계를 세우는 데 도움이 된다. 불릿 저널에 색과 그림 등 예술적 요소를 가미해 긍정적인 감정을 북돋우고 자신을 표현하며 영감을 얻기도 한다. 생각할 거리를 주거나 영감을 자극하는 문구가 적힌 수첩을 사용해도 좋다.

물론 일기 쓰기가 모든 사람에게 긍정적인 효과를 미치지는 않는다. 일기 때문에 완벽주의가 더 심해지거나 제대로 쓰는 방법을 알아내려고 고민하게 된다면 쓰지 말아야 한다. 일기는 내 감정에 다가가기 위한 도구일 뿐이다. 감정이 아닌 일기에 초점을 맞추면 다른 기법을 시도해야 할지도 모른다.

일기를 쓸 때마다 긍정적이고 현실에서 균형감과 평온함을 찾도록 마무리하자. 예컨대 힘이 되는 구절을 소리 내어 말하거나, 긍정적인 무언가를 머릿속에서 그려보거나, 미래의 가능성을 생각해볼 수 있다. 긍정적인 상태로 돌아가지 않으면 일기 쓰기 때문에 오히려 기분이 나빠지고 생각 과잉에 빠진다고 느낄 수 있다.

불안의 소용돌이에서 벗어나기: 5-4-3-2-1 그라운딩 기법

4A 기법과 스트레스 일기는 함께할 때, 특히 규칙적으로 할 때 효과가 크다. 하지만 스트레스받는 상황에서 스트레스를 즉시 완화할 방법이 필요한 경우도 있다. 앞서 살펴본 두 가지 기법은 인식을 훈련하고 활용하는 데 좋은 방법이지만, 애당초 인식 자체가 안 된다면 그다지 도움이 되지 않는다. 불안의 소용돌이에 갇혀본 적 있는 사람은 거기에서 스스로 빠져나오기가 불가능에 가깝다는 것을 안다.

이제 설명할 방법은 공황발작을 경험하는 사람들이 자주 쓴다. 불안의 소용돌이에 휩쓸리기 전에 그 소용돌이를 멈추는 방법이지만, 공황장애를 앓지 않더라도 도움 될 것이다. 생각 과잉은 두려움과 공포증 같은 더 복잡한 문제와 똑같은 방식으로 작용하기에 이들과 같은 방식으로 제어할 수 있다.

개념은 단순하다. 생각 과잉, 반추, 스트레스에 빠질 때 **그 순간에서 벗어나는 것이다.** 우리는 과거를 곱씹으며 생각에 빠지거나 미래의 가능성을 상상하며 즐거워하기도 한다. 또한 어떤 상황을 가정하고 기억해내며 아이디어, 확률, 소망, 두려움 등 다양한 것으로 머릿속을 어지럽힌다. **우리가 인식을 의식적으로 현재로 되돌린다면 이런 생각 과잉을 멈출 수 있다.** 그 방법은 오감을 활용하는 것이다. 다시 말해 뇌는 우리를 어디로든 데려갈 수 있지만 신체와 감각은 오직 한 곳, 현재에만 머물게 만들 수 있다.

공황 상태에서는 당장 우리를 위협할 만한 게 전혀 없는 완벽하게 안전한 상황이라 해도 관념과 생각에 완전히 사로잡힐 수 있다. 따뜻한 햇살이 내리쬐는 평화로운 정원에 앉아서도 죽을 것 같다고 느끼는 것이다. 마음의 힘이란 이토록 강하다!

만약 당신이 불안과 공황이 걷잡을 수 없이 밀려드는 느낌을 감지했다면 멈춰서 심호흡하고 주위를 둘러보며 나음 나섯 가지를 해보자.

- 먼저 주위에 보이는 '다섯 가지' 사물을 찾아보자. 모퉁이에 달린 등, 자신의 두 손, 벽에 걸린 그림 같은 것일 수도 있다. 잠시 그 사물의 질감, 색, 모양을 찬찬히 살펴보자. 눈으로 하나하나 천천히 살펴보며 사물을 온전히 받아들인다.

- 다음으로 만지고 느낄 수 있는 '네 가지'를 찾아보자. 의자에 앉아 있는 몸의 무게나 입고 있는 재킷의 촉감을 느낄 수 있고, 손을 뻗어 손가락 끝으로 자동차 유리창의 서늘하고 매끄러운 표면을 만질 수도 있다.

- 다음으로 들을 수 있는 '세 가지'를 찾아보자. 자신의 숨소리, 멀리에서 들리는 자동차 소음, 새소리일 수 있다.

- 다음으로 냄새 맡을 수 있는 '두 가지'를 찾아보자. 처음에는 이 부분이 어려울 수 있지만 집중하면 모든 것에서 냄새를 맡을 수 있다. 살갗에서 나는 비누 냄새, 혹은 책상 위 종이에서 희미한 흙냄새를 맡아본다.

- 끝으로 맛볼 수 있는 '한 가지'를 찾아보자. 혀끝에 맴도는 커피 맛일 수도 있다. 아무것도 못 찾겠다면 미뢰에서 무슨 맛이 느껴지지 않는지 잠시 집중해보자. 정말 아무 맛이 안 나는가, 아니면 맛을 인식하려고 애쓰자 원래 입안에서 날 법한 어떤 맛이 느껴지는가? 잠시 그대로 감각을 탐구해보자.

표면적으로 보았을 때 이 기법의 핵심은 주의를 분산하는 것이다. 감각이 활성화되는 동안 뇌는 끝없이 반추하는 대신 다른 무언가를 하게 되고 자연스럽게 과잉된 생각은 멈춘다. 활동하는 뇌의 특정 부분을 스패너로 조여 생각이 제멋대로 달아나지 않도록 막는 셈이다. 이 기법을 자주 훈련하면 즉시 진정되고 생각의 속도가 늦춰진다는 사실을 알아차릴 것이다.

필요한 순간 어떤 순서로 감각을 동원해야 하는지 기억나지 않을 수 있지만 이건 중요하지 않다. 외부의 무언가에 온전히 집중해 불안한 에너지가 사라지도록 하는 것이 중요하다. "이제 그만 생각하자"라고 말하는 것만으로는 생각을 멈추기 힘들다. 그 말 자체도 생각이기 때문이다. 하지만 뇌를 잠시 멈추고 감각을 동원한다면 끝없는 걱정의 고리에서 벗어나 현재에 집중하고 차분해지는 시간을 가질 수 있다.

이렇게 생각해보자. 인식은 생각을 하든, 감각을 통해 현재 순간에 몰입하든 한 번에 하나만 할 수 있다고. 감각을 활용해 인식을 현재에 묶어버리면, 그와 동시에 머릿속에서 불안에 사로잡힌 생각이 폭주하기는 힘들다.

앞서 설명한 것들이 너무 복잡해서 기억하기 힘들다면 문자 그대로의 그라운딩(grounding, 땅과 접촉하기)을 시도해볼 수 있다. 캘리포니아대학교 샌디에고의 예방의학과 교수 가에탕

슈발리에Gaétan Chevalier는 몸을 실제로 땅에 접촉하면 기분이 나아지는 데 탁월한 효과가 있다는 사실을 실험을 통해 알아냈다. 슈발리에는 실험 참가자들이 한 시간 동안 발이나 몸을 땅과 접촉하도록 했다. 그런 다음 검사를 통해 땅과 접촉한 사람들의 편안하고 행복한 정도가 접촉하지 않고 한 시간을 보낸 사람들보다 통계적으로 유의미하게 높아졌다는 사실을 발견했다. 땅과 접촉하는 것만으로는 심각한 불안 장애에 맞설 수 없겠지만 고무적인 발견임은 틀림없다. 가능하다면 야외에서 맨발을 땅에 댄 채 5-4-3-2-1 그라운딩 기법을 시도해보자.

'나'와 문제는 다른 존재다: 이야기 치료와 외면화

마지막으로 살펴볼 기법은 이야기 치료다. 이야기 치료는 우리가 삶을 어떠한 서사로 구성하는지 탐구한다. 사람들은 매우 능숙하게 의미를 만들어내는데, 주로 자신이 누구이며 삶에서 벌어진 사건이 어떤 가치가 있는지 이야기함으로써 의미를 만든다. 이야기 치료를 통해 자신의 삶을 근본적으로 다시 씀으로써 치유가 가능하고 행복한 미래도 찾을 수 있다.

앞서 살펴봤듯이 불안을 극복하는 데 가장 중요한 건 정신 모형을 살펴보고 삶을 어떤 방식으로 꾸리고 싶은지 **의식적으로 결정**하는 것이다. 자기 이야기를 서술할 때 우리는 주도권을 갖고 이야기를 재구성하며 새로운 의미를 만들 권한을 얻는다. 이야기 치료의 중요한 원리는 사람들이 자신의 문제와 분리된다는 것인데, 실제로 이 개념은 널리 쓰이는 '외면화' 기법의 바탕이 된다.

우리는 외면화를 통해 문제를 '밖으로' 꺼낸다. 문제가 있는 것은 잘못되었거나 나쁜 것이 아니다. 그 일로 자신을 판단하거나 비난하면 안 되는 이유다. 우리에게는 자신과 자신의 삶에 대해 말하는 방식을 바꿀 힘이 있고, 의미 있게 변할 수 있다. 따라서 생각 과잉에 빠졌을 때 "생각이 너무 많은 건 문제야. 대안을 찾아야 해"라고 말하지 않고 "난 생각이 너무 많아. 이건 안 좋아. 날 바로잡을 방법을 찾아야 해"라고 말하는 것은 중대한 변화다. 나에게 진정한 통제권이 있고 내 경험을 글로 쓰는 사람이 나라는 사실을, 내 인식은 다른 사람이 아닌 나의 책임이고 마찬가지로 다른 사람이 나를 구하거나 바꿀 수 없다는 사실을, 내 경험은 내가 가장 잘 안다는 사실을 깨닫는 것 역시 큰 변화다.

우리의 삶이 영화라면 어떤 장르에 속하는가? 그 안에서 자신이 늘 맡는 역할은 무엇이고 이야기는 어떻게 전개되는가? 스스로 결정한 해석과 틀이 경험에 영향을 미친다는 사실을 알고 나면 그것을 바꿀 힘이 생긴다. 예컨대 생각이 너무 많은 사람은 스스로 무력하다고 느낀다. 하지만 이들이 자기 이야기를 바꾸어 자신을 책임감 있고 능력 있는 사람으로 바라본다면 어떨까?

다시 외면화로 돌아가보자. 우리는 문제나 실패 자체가 아니다. 자신과 삶에 닥친 시련 사이에 거리를 둘 수 있다면 고난이라는 일시적인 경험을 통해 균형 잡힌 시각을 얻고 정체성과 자존감을 되찾을 수 있다. 구름 자체가 하늘은 아니듯이 우리에게 닥친 문제는 우리가 아니다. 문제는 지나갈 것이고 우리는 그 문제에 대응하는 방법을 통제할 수 있다.

문제에 짓눌려 아무것도 못 하겠다면 "나와 내게 닥친 문제는 별개다"라는 말을 주문처럼 반복해서 중얼거리는 것이 도움이 된다. 표현 방식도 바꾸어보자. "난 불안이 심한 사람이야"라고 말하지 말고 "지금 불안을 겪는 중이야"라거나, 더 나아가 "지금 불안을 감지했어"라고 해보자. 자신과 문제 사이에 거리를 두는 방법은 다음과 같이 다양하다.

- **스트레스 일기를 활용한다.** 머릿속에 떠다니는 불안을 꺼내 종

이에 펼쳐놓는 것이다. 그런 다음 종이를 불태우거나 구겨버린다. 문제가 나에게서 분리된 것을 물리적으로 확인하고 거리를 두고 바라보면 상황을 바꿀 행동을 취할 수 있다.

- **시각화와 심상을 활용한다.** 머릿속에 떠도는 수많은 생각을 눈에 보이는 기체로 시각화하고 거대한 풍선에 불어 넣는 장면을 떠올려보자. 그런 다음 풍선이 내 머리 위로 떠올라 멀리 사라지며 점점 작아진다고 상상해보자. 나 자신과 걱정은 온전히 같은 개체가 아니라는 데서 오는 감각을, 때로는 걱정을 내려놓고 걱정에서 멀리 떨어져 균형감을 가질 수 있다는 느낌을 온전히 즐기자. 풍선과 함께 걱정이 시야에서 사라지는 장면을 그려보자. 또 다른 방법으로는 잠자기 전에 걱정거리를 모두 금고에 넣고 잠가버리는 모습을 상상하는 것이다. 그러면서 이렇게 말하자. "나중에 언제든 내킬 때 이 금고를 열고 안에 넣어놓은 것들을 꺼낼 수 있지만 일단은 잠을 자자."

- **원한다면 창의력을 발휘해 외면화할 수도 있다.** 문제와 관련된 글을 쓰거나 그림을 그리거나 색을 칠하거나 심지어 노래를 부르고 춤을 출 수도 있다. 이런 식으로 걱정거리를 몸 밖으로 밀어내는 것이다. 지나치게 비판적이거나 망상에 사로잡힌 내면의 목소리에 별도로 이름을 붙인 다음 "아, 그래. 이건 내

가 아니야. 지긋지긋한 옛 친구가 또 찾아온 것일 뿐이야. 생
각이 너무 많은 건 여전하군. 안녕, 친구!"라고 말할 수도 있다.

이야기 치료에서 사용하는 또 다른 기법은 **해체**다. 생각 과
잉에 빠지면 꼼짝없이 압도된 기분을 느끼는 경우가 많은데,
머릿속에서 백만 가지 일이 엄청나게 빠른 속도로 한꺼번에
벌어지기 때문에 어디에서부터 손대야 할지조차 알 수 없다.
하지만 이야기의 좋은 점은 하나씩 순서대로 진행된다는 것이
다. 또한 반추에 빠져 갈팡질팡 어쩔 줄 모르겠다면 이야기를
통해 크고 두려운 문제를 작고 쉬운 문제로 분해(해체)할 수 있
다. 이야기를 통해 정리하고 속도를 늦추고 어디에 어떻게 주
의를 집중할지 스스로 통제할 수 있다는 사실을 깨우칠 수 있
다. 한 번에 모든 것을 살펴볼 수는 없다. 그렇게 하려고 애쓰
면 너무 많은 생각에 억눌려 무력감이 밀려들고 스스로 작게
느껴지기 일쑤다. 좋은 이야기가 늘 그렇듯이 모든 문제를 즉
시 이해하거나 한꺼번에 해결할 필요는 없다. 다음은 해체를
삶에 적용하는 몇 가지 방법이다.

• 지금 상황이 처참하게 느껴진다면 잠시 멈추고 당장 가장 중
  요한 '딱 한 가지'에만 집중한다. 내일이나 내년 또는 언제 일

어날지 모를 일이 심하게 걱정된다면 걱정을 접어두고 오늘 또는 바로 지금 이 순간에 중요한 것 한 가지만 생각하도록 하자. 바로 다음에 해야 할 단 한 가지가 무엇인지 스스로 질문하자. 나중에 해야 할 스무 가지는 걱정하지 말고 한 걸음을 뗀 다음 거기에서 다시 출발하면 된다.

- 나도 모르게 어느새 괴로운 기억을 떠올린다면, 그 기억을 일부러 꺼내서 글로 쓰거나 도표를 만드는 등 차분하게 정리하는 시간을 갖자. 사건을 개별 에피소드로 분해하고 주제, 패턴, 그 모든 것을 잇는 연결고리를 찾아보자. 현재가 과거와 어떻게 연결되어 있는지 살펴본 다음, 자신의 이야기를 스스로 책임지기 위해 무엇을 할 수 있는지 자문하자.

  예를 들어 과거의 실수 때문에 움츠러든다면 자신이 바보라서 잘못을 저지른 것이 아니라 배우는 과정이었고 꾸준히 나아지며 발전 중이라는 이야기를 구성할 수 있다. 그러면 지금 그렇게 움츠러드는 것이 더 성숙했다는 증거임을 알 수 있다. 5학년 때 했던 말을 떠올리며 계속 창피해하느니 이렇게 하는 편이 더 기분 좋지 않겠는가?

- 불안과 생각 과잉은 우리의 주의를 분열해 혼돈과 혼란을 만들어내는 식으로 작용한다. 하지만 그런 생각을 모조리 해체하면 그중 대부분이 소음에 지나지 않으며 그런 생각에 꼭

호응할 필요가 없다는 것을 알게 된다. 주된 걱정거리가 건강에 관한 것이라면 그 걱정이 가지를 뻗어 실직, 죽음, 비싼 의료비를 비롯한 온갖 다른 걱정이 생겨나기 일쑤다. 이를 해체하기 위해서는 "이런 걱정은 실체가 있는가?"라는 질문을 자신에게 던져야 하고, 주의를 흩트려 현실에서 의미 있는 변화를 만들지 못하도록 방해하는 생각을 가려내야 한다.

요점 정리

☐ 생각 과잉이 무엇인지 파악한 뒤에는 그것을 방지하는 방법을 알아야 한다. 불안과 생각 과잉에 지친 마음을 돌보고 평온함을 찾을 간단하면서도 효과적인 방법이 많다.

☐ 가장 먼저 기억해야 할 것은 4A 스트레스 관리법이다. 4A는 회피, 변경, 수용, 적응을 말한다. 무언가를 '회피'한다는 것은 통제할 수 없는 일에서 단순히 벗어나는 것을 뜻한다. 노력할 가치가 없어 환경에서 완전히 없애는 게 가장 좋은 일도 있다. 하지만 피할 수 없다면 환경을 '변경'해 스트레스 요인을 없애는 방법을 배워야 한다. 환경을 바꿀 수 없다면 '수용'할 수밖에 없다. 끝으로 지금 처한 상황에서 내가 할 수 있는 일이 거의 없다면 그 상황에 '적응'해야 하고 스트레스 요인에 대처하는 법과 스트레스로 인해

예상되는 피해 가능성을 최소화할 방법을 배워야 한다.

☐ 널리 쓰이는 또 다른 기법은 스트레스 일기다. 생각 과잉에 빠지면 머릿속에서 오만 가지 생각이 소용돌이쳐서 꼼짝없이 짓눌리는 느낌이 든다. 하지만 기분을 체계적으로 기록하면 생각을 분석하고 조금이라도 이것이 내 삶에 가치가 있는지 평가할 수 있다. 수첩을 가지고 다니며 필요하다고 느낄 때 언제든 기록할 수 있다.

☐ 마지막으로는 5-4-3-2-1 그라운딩 기법이라고 부르는 것이다. 공황발작을 막는 데 매우 효과적으로 다섯 가지 감각 기관을 모두 동원하는 방법이다. 공황이 시작되는 느낌이 들면 주변에서 눈으로 볼 수 있는 다섯 가지, 만질 수 있는 네 가지, 냄새 맡을 수 있는 세 가지, 들을 수 있는 두 가지, 맛볼 수 있는 한 가지를 찾아보자. 감각에 집중함으로써 생각 과잉에 빠진 뇌의 주의를 돌릴 수 있다.

3장

×

불안에서 벗어나기
내버려두면 당신을 집어삼킨다

수지는 오늘 할 일이 많다. 일정표를 들여다본 그녀는 당황스러워하며, 모든 일을 제대로 해낼 수 있을까 걱정부터 앞세운다. 스트레스를 지나치게 받아 불안한 나머지 너무 많은 생각이 머릿속에서 폭주하고 있었다. 그런 수지를 본 직장 동료가 끼어들어 한 가지를 제안한다. "점심시간에 명상을 좀 해보면 어때요?" 명상은 스트레스 수준을 낮춘다고 증명되지 않았던가! 하지만 명상을 한 지 5분이 지나자 수지는 마음속으로 비명을 지르고 있었다. 머릿속엔 온통 2시 30분에 있을 회의 생각뿐이었고, 회의 준비 시간이 점점 줄어들고 있다는 생각에 명상에 집중할 수 없었다.

스트레스의 실제 원인이 시간 관리를 잘 못하는 것이라면 많은 사람이 추천하는 고전적인 이완 기법은 도움이 될 수 없다. 수지에게 도움이 되는 것은 두 가지뿐이다. 마법을 부려 하루가 더 길어지도록 만드는 것 혹은 시간 관리가 잘된 일정표다! 눈앞에 닥친 피할 수 없는 스트레스를 다스리는 데 명상과 스트레칭이 도움을 줄 수도 있겠지만, 시간을 더 잘 관리한다면 애당초 노출될 만한 스트레스를 최소화할 수 있다. 이번 장에서는 효과가 증명된 스트레스를 통제할 기법을 알아볼 것이다.

스트레스에 시간을 낭비하지 않는 방법

대체로 시간을 잘 관리하면 스트레스도 잘 관리한다. 마감일 때문에 불안하고 조급함을 느끼거나 지나치게 바빠져 어쩔 줄 모르는 상황에 빠진다면, 이완을 직접적인 목표로 하는 기법보다 시간 관리 전략으로 더 많은 도움을 얻을 수 있다.

《유럽 교육심리학European Journal of Psychology of Education》학회지에 발표된 연구에서는 학업량이 같더라도 시간 관리법을 개선하면 대학생의 스트레스 수준이 낮아진다는 결론을 도출했다. 이 연구의 핵심은 시간을 잘 관리하면 같은 일정을 소화하더라도 스트레스를 덜 받는다고 인지한다는 사실이다. 2021년 미국 공공 과학 도서관PLOS에서 시행한 메타 분석(단일 주제의 다양한 연구를 요약하는 기법)에서 브래드 이언Brad Aeon 연구진은 시간 관리가 업무 성과와 성취도를 향상하고 전반적인 삶의 행복도와 만족도를 높이는 데 큰 효과가 있다는 사실을 밝혔다.

결국 시간 관리란 대체로 한 가지 핵심 기술로 요약된다. 우선순위를 파악하고 이를 활용해 목표를 설정하는 것이다. 이렇게 하면 유능감과 통제감이 향상하고 불가피하게 좌절에 맞닥뜨렸을 때 회복력을 끌어올리는 데 간접적으로 도움이 된다. 늘 그렇듯이 모든 것은 인식과 사고방식에 달려 있다.

생각해보면 희한할 정도로 많은 사람이 삶에서 스트레스를 우선시한다. 기분 나쁘게 하고 불안하거나 진 빠지게 만드는 일에는 시간을 할애하는 반면, 회복과 사색은 할 일 목록의 맨 밑에 두거나 생각조차 하지 않는 경우가 많다. 의도적으로 휴식과 이완을 우선순위에 둔 게 언제인지 기억나는가? 아마 대부분의 사람과 마찬가지로 열심히 일하는 것을 언제나 최우선하고 남은 시간과 에너지의 부스러기를 나머지에 쏟을 것이다. 이는 정신 건강을 위해 명상을 일정에 억지로 끼워 넣고서는 버거워서 어쩔 줄 모르는 수지의 상황과 다를 바 없다.

여기에서 사고방식의 변화가 필요하다. 휴식과 이완을 중요한 일을 모두 마친 다음 하루의 끝에 끼워 넣는 것이 아니라, 일과 마찬가지로 중요하고 집중할 가치가 있는 활동으로 여기는 것이다. 방법을 하나 소개하자면 일정표에 재미있고 즐길 만한 활동을 미리 넣거나 단순히 아무것도 하지 않는 시간을 정하는 것이다. 긍정적인 태도는 삶에서 매우 가치 있는 자원이다. 그러므로 긍정적인 태도를 관리하고 좋은 감정을 적극적으로 키우는 것이 좋지 않겠는가.

생각이 너무 많은 사람은 책임감이 너무 강한 탓에 문제가 생기기도 한다. 이들은 자신의 행복과 즐거움을 무의식중에 과소평가한다. 그리고 삶에서 벌어지는 모든 심각하고 불쾌한 일에 가장 집중해야 한다고, 휴식은 일을 모두 끝낸 다음에야 누릴 수 있는 보상이라고 생각하기도 한다. 그래서 이들은 절대 쉬지 못한다!

스트레스 관리는 삶에서 불필요한 스트레스 요인을 제거하는 동시에 기분을 전환하고 기운을 불어넣는 활동을 즐길 수 있도록 공간을 마련하게끔 해준다. 하루를 시작할 때 하기 싫고 스트레스받는 일에 곧장 뛰어드는 대신 즐거운 무언가를 할 수 있다. 한 시간마다 10분씩 휴식을 취하며 맛있는 허브차를 마시거나 스트레칭하거나 잠시 산책하는 습관을 들여보자.

생각 중독

매일 기대할 만한 일을 만들고 삶을 밝히는 소중한 사람들과의 관계를 돈독히 하자. 웃고 놀고 농담하는 시간과 나를 행복하게 해주는 무언가를 하는 시간을 조금이라도 갖자.

신체 건강에 도움을 주고 스트레스를 줄이려면 생활 방식을 어떻게 바꾸어야 하는지는 이미 잘 알 것이다. 잘 자고 카페인 섭취를 줄이고 운동하며 음식을 적절히 먹는 일 등이다. 하지만 신체 건강 못지않게 사회적 활동, 정서적 안정, 영적 건강도 중요하다. 일부러 시간을 내지 않으면 이 건강을 지킬 수 없다.

다시 수지 이야기로 돌아가보자. 수지는 매일 아침에 할 일 목록을 작성하고 일정표에 적어둔 중요한 일을 모두 처리한다. 하지만 운동하기, 친구 혹은 가족과 시간 보내기, 좋아하는 취미 활동하기 같은 일은 목록 맨 끝에 적어두기 때문에 제대로 한 적이 없다. 수지와 같은 상황에 놓인 사람은 한둘이 아니다. 그런 상황이라면 인간관계, 신체 건강, 즐거움이 삶에서 중요하다고, 그래서 그런 것들에 매일 일정 시간을 투자하겠다고 적극적으로 마음먹어야 한다. 기분을 전환하는 활동과 업무를 모두 처리하기에 하루가 모자란다면? 당신이 하는 업무에 뭔가 문제가 있다는 뜻이다.

시간 관리는 단순히 하루에 처리해야 할 이런저런 일들을 조정하는 겉핥기식 방법이 아니다. 삶 전체를 구조화하고 생활 설계를 관리해 중요한 일에 자원과 에너지를 쓰도록 하는 방법이다. 최대한 많은 일을 하루 안에 욱여넣는 게 아니라, 일의 비율과 우선순위가 자신의 가치를 반영한다는 사실을 깨닫고 삶을 균형 잡힌 시각으로 바라보도록 하는 것이다.

솔직히 우리의 관심을 요구하고 시간을 낭비하게 만드는 새로운 일은 언제나 있다. 이런 상황에서 시간과 에너지를 최대한 활용하도록 삶의 방향을 의식적으로 조종하는 것은 자신에게 달려 있다. 이를 실천하는 방법을 큰 틀에서 소개하자면 다음과 같다.

- 삶의 가치와 우선순위를 결정한다. 내게 중요한 세 가지는 무엇인가?
- 내가 일주일 동안 시간을 보내는 방법을 관찰한다. 무엇을 했는지 매시간 기록해보자.
- 가장 많은 시간을 보내는 곳은 어디인가? 가장 적은 시간을 보내는 곳은? 끝으로 내가 보낸 시간에 나의 가치가 반영되어 있는지 확인한다. 가령 가족, 창업, 건강 유지가 중요한 세 가지임에도 깨어 있는 시간의 90퍼센트를 일하는 데만 쓴다면 앞뒤가 맞지 않다.

- 자신의 가치와 원칙에 따라 우선순위를 더 잘 반영할 수 있도록 일정을 재조정한다.
- 지금 어떻게 하고 있는지, 무엇이 효과가 있는지, 어떤 부분을 추가로 조정할 수 있는지 다시 점검한다.

이 과정을 통해 혼자 사색에 잠기는 시간, 독립성, 창의력을 발휘하는 예술 활동을 매우 가치 있게 여긴다는 사실을 알게 되었다고 하자. 그런데 일주일 동안 자신을 관찰한 결과 이 세 가지에 할애하는 시간이 극히 일부이고, 주로 미디어에 시간을 쏟거나 업무 시간 이후에 까다로운 고객을 응대하는 데 시간을 보낸다는 사실을 파악했다.

이 경우 자신이 시간을 쏟는 소셜미디어와 텔레비전에 쓰는 시간을 더 확보하거나 까다로운 고객을 대응할 획기적인 방법을 찾는다고 해서 스트레스가 관리되지는 않는다. 자신을 행복하게 하는 일에 더 집중하고 그렇지 않은 일에 시간을 덜 쓰도록 삶을 약간 제한하는 것이 스트레스 관리법이다. 집에서 '오후 5시 이후에 전화와 텔레비전을 금지'하는 규칙을 세우거나, 업무와 일상생활의 경계를 침범하는 고객에게 '사무실 부재중'을 알리는 이메일이 자동 발송되도록 설정할 수 있다.

자신의 목표와 우선순위가 무엇인지 모른 채 시간 관리를 이야기하는 것은 아무런 의미가 없다. 시간 관리의 성패는 어떤 결과를 목표로 하는지에 온전히 달려 있다. 이를 위해 먼저 자신이 가치 있게 여기는 것이 무엇인지 알아야 한다. 그 가치를 염두에 두어야 중요한 것과 그렇지 않은 것을 가를 수 있다. 즉 활동과 업무의 우선순위를 매기게 된다.

매일 주의력, 시간, 자원이 가장 많이 필요한 우선순위 업무로 하루를 시작하자. 아침에 그날 할 일 목록을 작성한 다음, **급한 일, 중요한 일, 중요하지 않은 일**로 등급을 매긴다. 급한 일은 우선순위를 차지하고 그날 중으로 반드시 처리한다. 급한 일은 미룰수록 스트레스를 받기 마련이다. 중요한 일에는 아주 급하지는 않지만 하지 않으면 문제가 생기는, 쓰레기 버리기 같은 '생활 유지' 활동이 포함된다. 중요하지 않은 일은 우선순위가 아니다. 나중에 해도 된다.

나만의 등급 체계를 만들어두면 진짜 중요한 일이 무엇인지 결정할 수 있다. 단, 업무를 분류하기 전에 '중요하다'는 것의 의미를 명확히 해두어야 한다. 급한 일과 중요한 일의 수를 제한하면 도움이 된다고 하는 사람들도 있다. 즉 "오늘 집중적으로 해야 할 세 가지는 무엇인가?"라고 스스로 질문한 다음 중요도가 떨어지는 다른 일들은 느긋하게 생각한다.

시간을 세밀하게 관리하는 데 도움이 될 만한 유용한 정보와 요령이 있고, 효율적 관리를 도와주는 여러 기발한 방법과 앱도 있다. 무엇을 선택하든 앞서 설명한 기본 원칙을 따르면 시간 관리가 가능하다. 훌륭한 시간 관리 습관에는 자신만의 생활 방식과 목표가 반영되어야겠지만, 이 밖에도 몇 가지 유념해야 할 사항이 있다.

- 글로 쓰면 상황을 더 구체적으로 파악할 수 있다. 할 일 목록이나 일정표를 비롯해 매일의 목표와 진행 상황을 기록할 물리적인 무언가가 필요하다.
- 큰 업무를 작은 단위로 나누고 큰 업무를 해나가는 중간중간에 작은 목표를 설정하자.
- 결과보다는 과정을 생각하자. 도움이 되는 행동을 습관으로 만드는 데 집중하면 빠르게 결과를 얻고 완벽주의에 집중할 때보다 더 많은 것을 장기적으로 이룰 수 있다.
- 중요하지 않은 일을 거절하는 데 익숙해져야 한다. 일을 다른 사람에게 맡기거나 경계선을 정해 자신의 한계를 받아들이는 것도 좋다.
- 더 큰 목표로 향해 가며 자신의 행동을 지속적으로 점검한다. "이렇게 하면 목표에 더 가까워지는가, 목표에서 더 멀어지는가?"라고 질문한다. 그런 다음 점검에 따라 행동한다.

이러한 설명을 보면 시간 관리가 간단해 보일지도 모르겠다. 그렇다. 사실 간단하다. 하지만 언제나 그랬듯 쉽지 않을 뿐이다. 우리는 시간 관리에 대해 더 잘 알게 되었음에도 때로 도움이 되지 않았던 과거의 행동을 고수한다. 하지만 장애물이 무엇인지 알고 있으면 이를 미리 방지하거나 해결할 수 있다. 그런데 왜 어떤 시간 관리법은 일부 사람에게만 효과가 있을까? 아마 우리는 저마다 다른 사람이고 당면한 과제 모두 다르기 때문일 것이다.

각자 시간을 관리하는 방식과 성격도 영향을 미친다. 시간 관리법(또는 시간 관리에 실패하는 것)은 지금까지 살아온 방식과 성격에 따라 개인차가 있을 수 있다.

예컨대 **바빠서 괴로운 사람**은 모든 사람의 부탁을 들어주고 많은 의무와 책임을 짊어지면서 괴로워하는 사람이다. 일정이 몹시 빠듯하다는 것을 알면서도 하루에 친구 셋을 연달아 만나기로 하는 사람이 이런 유형이다. 그렇게 하루를 보내고 나면 기진맥진한 채 어느새 생각 과잉의 늪에 빠지고 만다. ("헤어질 때 인사하면서 친구에게 약간 무례했던 건 아닐까? 어쩌면 내 퉁명스러움을 눈치채고 지금쯤 나한테 화났을지도 몰라.")

이런 유형에 해당한다면 겉보기에는 바쁘게 지내는 데 자부심을 느끼는 것 같지만, 정작 자신에게 정말 중요한 일은 처리하지 못할 수 있다. 바빠서 괴로운 사람에게 유용한 시간 관리법은 사소한 일까지 전부 일정표에 넣거나 큰 덩어리의 일은 하루에 세 가지만 하기로 제한하는 등 대책을 세우는 것이다. 정신을 어지럽히는 곁가지를 쳐내고 동시에 여러 일을 하지 않아야 한다.

미루는 사람은 다른 종류의 어려움에 직면한다. 무엇이든 미루다가 결국 제때 완료하지 못하는 경우다. 이런 사람에게 어느 정도의 압박은 도움이 되지만, 불안은 일을 더욱 미루게 할 뿐이다. 미루기와 생각 과잉이 그다지 관련성이 없다고 생각할지 모르겠다. 하지만 해야 하는 것을 알면서도 일을 미뤄서 스트레스받는 사람을 떠올리면 이해가 될 것이다. 미루는 습관이 있다면 일을 작은 단위로 쪼개고 작은 단계를 완수할 때마다 보상을 주는 방법이 도움이 된다.

산만한 사람에게도 미루기와 관련된 문제가 있다. 이들은 일단 시작은 하지만 다른 길로 빠지고 어느새 주의가 산만해진다. 산만함과 생각 과잉은 서로 엄청난 영향을 주고받는다. 이런 성향인 사람에게는 일하는 환경을 더 사려 깊게 조성하고 경계를 명확히 하는 방법이 효과적이다. 이를테면 사무실을 깨끗이 정리하고 특정 시간 동안 방해받지 않고 일을 한다. 이렇게 하면 문득 뭔가가 떠올라 주의를 빼앗고 스트레스와 생각 과잉을 유발하는 일이 줄어들 것이다.

과소평가하는 사람은 일하는 데 걸리는 시간을 잘못 판단해 실제 필요한 시간보다 짧게 잡는다. 이들은 너무 낙관적으로 예측한 나머지 마감 기한을 넘길 수 있다. 이때 필요한 시간 관리법은 일을 단계별로 쪼개어 완수할 시간을 충분히 확보하고, 일하는 과정을 현실적으로 평가하는 시간을 갖는 것이다. 이 문제는 상대적으로 쉽게 해결할 수 있지만, 해결 못 하면 피해가 클 수 있다.

불 끄는 사람은 언제나 반응할 태세를 갖추고 있다. 사방에 '불'을 질러놓고, 주로 상황이 위기에 치달았을 때 수많은 일을 한꺼번에 곡예를 부리듯 처리한다. 이러한 사람은 번아웃을 방지하기 위해 효과적으로 타인에게 일을 맡기는 법과 중요한 문제와 급한 문제를 구분하는 법을 배우는 게 좋다.

문제를 해결하려고 계속 서두르는 것은 초기 단계에서 해야 할 일을 하지 않고 통제하기 어려워질 때까지 내버려두었기 때문일 수 있다. 문제 A 때문에 너무 정신이 혼란스럽고 짓눌려 B라는 중요한 문제를 까맣게 잊어버린 사람을 떠올려보자. 문제 A를 제대로 해결하지 못한 상태에서 문제 B로 주의를 돌려봤자 같은 문제가 발생한다.

완벽주의자는 미루는 사람과 마찬가지로 일을 제대로 처리하지 못한다. 스스로 머릿속에 떠올린 완벽한 상황에 부합하는 결과가 아무것도 없기 때문이다. 하지만 완벽주의자의 속내를 살펴보면, 일이 끝나는 것을 두려워하거나 학습 곡선에 따라 차츰 발전해 '그만하면 충분히 잘한' 정도를 받아들이지 못하는 경우가 많다. 이런 사람들은 완벽한 생일 선물을 고르기 위해 오랫동안 이것저것 생각하다가 생일에 맞춰 선물을 사지 못한다. 경계를 설정하며 현실적으로 계획하고 일을 타인과 나누는 것이 도움이 될 수 있다.

지금까지 설명한 유형 중 한 가지 이상에 해당하든 아니면 자신의 유형과 전혀 다른 방법으로 시간을 관리하든, 현재 자신이 어떻게 행동하는지 파악하고 이를 개선하려고 해야 한다. 패턴을 파악해 자신의 시간 관리를 방해하는 요소가 무엇인지 스스로 질문하자. 결국 어떤 시간 관리법이든 실생활에서 나에게 효과가 있어야 유용한 것이다.

잃어버린 시간 되찾기

지금 겪고 있는 시간 관리의 한계를 극복하는 데 도움이 될 만한 몇 가지 전략을 자세히 살펴볼 것이다. 자신의 시간 관리 특성과 생활 방식을 염두에 두고 맞는 방법을 찾아보자.

앨런식 입력값 처리법

미루는 사람, 불 끄는 사람, 산만한 사람에게 매우 효과적이지만, 정보가 넘치는 세상에서 방향을 잃지 않고 일을 처리하고자 하는 모든 사람에게 도움이 되는 방법이다. 이 기법에서는 회의, 이메일, 전화 통화, 소셜미디어, 텔레비전, 다른 사람을 비롯해 외부 환경에서 오는 모든 자극 데이터를 포괄적으로 '입력값inputs'이라고 부른다. 주의를 사로잡으려고 낚싯바늘을 던지는 이 입력값에 어떻게 반응하는가? 앨런식 처리법에서는 이에 반응하는 방법을 미리 계획하지 않으면 최선이 아닌 차선의 대응을 하게 된다고 본다.

미리 계획을 세워두면 새로운 입력값이 나타날 때마다 이를 탐색하느라 소중한 시간과 에너지를 낭비할 필요가 없고, 빠르게 의사를 결정한 뒤에 정말 중요한 일로 넘어갈 수 있다. 우선 자신의 일상을 관찰해 주요 입력값을 스스로 인식하고

생각 중독

있는지 확인한다. 여기에서는 무엇이 입력값인지가 아니라 무엇이 주의를 끄는지가 중요하다. 다음으로 중요한 결정 사항이 있다. 이 입력값에 어떻게 반응할 것인가? **이에 대응해 행동할 것인가?**

입력값에 반응해 행동할지 말지 결정해야 한다. 행동하지 않기로 했다면 그 일은 나중에 하거나 완전히 무시하면 된다. 행동하기로 했다면 행동하면 된다. 역시 말로는 쉬워 보인다. 이때 문제는 아무런 결정 없이 입력값이 그냥 쌓이도록 놔두면 스트레스를 유발한다는 것이다.

새로운 우편물이 도착했는데 뜯어보기만 하고 다시 봉투에 넣어두었다고 가정해보자. 나중에 그 우편물을 다시 읽었지만 역시나 아무 조치를 하지 않고 책상 한쪽에 밀어놓았다. 똑같은 일을 네댓 번을 한 다음에야 마침내 우편물에 대응하는 행동을 했고, 그렇게 하기 전까지 우편물 때문에 은근히 스트레스를 받았다! 이 경우에는 우편물을 읽고 바로 결정하는 편이 훨씬 낫다. 읽고 그대로 휴지통에 버리기로 했다고 치자. 결정대로 행동했다면 업무 공간은 물론 머릿속도 더 깨끗해졌을 것이다.

어떤 행동을 해야 하는 상황이라면 **지금 당장** 해야 하는지 질문해보자. 급한 일은 즉시 끝내되, 나중에 해야 할 일이 있다면 그 일이 머리 한구석에 자리 잡고 계속 잔소리를 늘어놓도록 내버려두면 안 된다. 곧바로 할 일 목록에 해당 업무를 할 시간을 일정으로 넣거나 알림을 설정해야 한다. 언제 무엇을 해야 하는지, 또는 그 일을 누구에게 넘길지에 대한 내용까지 구체적으로 기록하면 좋다. 그런 다음에는 그 일을 잊어버린다. 휴대폰 메모 앱이나 달력이 도움이 되지만 가장 중요한 것은 일 처리를 같은 방식으로 꾸준히 해야 한다는 것이다.

해야 할 일의 절차를 일목요연하게 정리하면 실제로 주의력을 얻을 수 있고 그 결과 더 차분해지고 통제력이 높아진 기분이 든다. 기분뿐만 아니라 실제로도 그렇다! 생각할 일이 줄어들기 때문에 생각 과잉에 빠지는 빈도가 낮아질 테고, 압박감과 혼란스러운 느낌이 전반적으로 감소하기 마련이다.

이를 위해서는 일관성 있게 실행해야 한다. 업무 흐름을 파악하고 일이 쌓이지 않도록 해야 한다. 주의를 기울여야 할 새로운 문제가 발생하면 즉시 달려들어서 어떻게 대응할지 최대한 빨리 결정해야 한다. 친구가 보낸 링크를 따라 들어가는 것이 지금 당장 우선순위인가? 은행에서 받은 이메일이 중요한가? 우유가 없는 걸 방금 알았는데 가장 빠르게 대처할 방법은 무엇인가?

때로 바쁜 사람은 자신에게 도움 되지 않는 행동을 할 수 있다. 너무 허둥대다가 중요한 일을 미루는 바람에 그 일이 급하고 중요한 일이 되는 상황이다. 처음 일을 접한 순간 재빨리 처리할 때보다 스트레스를 훨씬 많이 받게 된다.

아이젠하워식 관리법

앞서 설명한 방법에서 확신을 얻었겠지만, 시간을 잘 관리한다는 것은 결국 우선순위를 파악한 다음 이를 기준으로 행동하고 목표를 설정하는 것이다. 이제 알아볼 방법은 불 끄는 사람, 완벽주의자, 바빠서 괴로운 사람에게 아주 유용하다. 이 방법을 실천하면 시간과 자원이 부족한 현실에서 업무를 효율적으로 처리할 수 있다.

생각이 너무 많은 사람은 결국 시간과 자원이 부족한 상황에서 많은 책임을 짊어진다. 그래서 스트레스받고 스트레스 때문에 생각이 더 많아진다. 시간으로 인한 스트레스를 피할 수 없다면 상황을 바꾸거나 그 상황에 적응할 수밖에 없다. 안타깝게도 많은 사람이 시간은 별로 없는데 할 일은 너무 많은 상황에 놓여 있다. 미국 전 대통령 아이젠하워의 매트릭스 시간관리법(급한 일/중요한 일 기법)을 활용하면 정말 중요한 일과 방해 요인으로 작용하는 일을 구분하는 데 도움이 된다.

중요한 업무는 결과를 통해 목표에 더 가까워질 수 있는 일이다.

급한 업무는 즉시 주의를 기울여야 하는 일로, 그렇게 하지 않으면 불이익이 생기는 경우가 많다.

불 끄는 사람은 대부분 두 가지를 구분하지 못한다. 이들은 급하지 않은 일조차 모두 급한 일로 바라보기 때문이다. 이 기법을 적용하기에 앞서 하루나 일주일 동안 해야 할 업무와 활동을 모두 목록으로 작성한다. 이제 그 일을 다음 네 가지 범주로 분류한다.

- 중요하고 급한 일
- 중요하지만 급하지는 않은 일
- 중요하지는 않지만 급한 일
- 중요하지도, 급하지도 않은 일

그런 다음, 위의 순서대로 업무 순위를 매긴다.

우선순위 맨 위에 있는 **중요하고 급한 일**은 즉시 처리한다. 매일 일정표에 예상치 못한 일을 해결할 시간을 따로 잡아두는 것도 좋지만, 예상치 못한 일이 너무 많이 발생한다면 업무를 다시 점검하고 어떻게 계획하는 게 좋을지 생각해보자.

중요하지만 급하지는 않은 일은 언제 할지 결정해놓는다. 이 일은 장기적인 관점에서 목표를 실현하는 데 꼭 필요하지만, 반드시 지금 당장 처리해야 할 정도로 급하지는 않다. 평소에 하는 운동, 가계부 관리, 인간관계 유지 같은 일들은 애써 해야 하지만 시기를 약간 유동적으로 조정할 수 있다. 하지만 이 일들이 급한 일이 되는 것은 원치 않을 테니 그렇게 되기 전에 처리하자. 일상적인 활동을 일정표에 넣어서 따로 생각할 필요가 없도록 하자. 아침 조깅, 일요일 저녁마다 하는 가계부 정리, 매주 엄마에게 전화하기 같은 일들이 여기에 속한다.

중요하지는 않지만 급한 일은 가급적 다른 사람에게 위임한다. 이 일은 압박감만 줄 뿐, 삶을 풍요롭게 하거나 목표에 다가가는 데는 그다지 도움이 되지 않는다. 일정을 다시 정하거나 남에게 맡겨 내 목표와 실제로 관련된 일에 시간을 쓸 수 있다면 더 좋다. 경계를 잘 설정해서 불필요한 책임을 떠안지 않도록 하자.

중요하지도, 급하지도 않은 일은 지워버려라! 이런 일에 시간과 노력을 낭비할 필요는 없다. 최대한 빨리 무시하고 다른 일로 넘어가되, 앞으로는 이런 일의 발생 빈도를 가급적 줄이려고 해야 한다. 특별한 목적 없는 인터넷 서핑, 쓸데없는 텔레비전 시청, 게임, 아무 생각 없이 기웃대는 소셜미디어 등이 이 범주에 속한다.

이러한 접근법을 일상생활에 어떻게 적용할 수 있을지 살펴보자. 마이크는 규모가 작지만 빠르게 성장 중인 사업체를 운영하고 있다. 항상 바쁜 마이크는 스트레스를 관리하기 위해 현재의 시간 관리 습관과 앞으로 해야 할 일을 인식하고, 아이젠하워식 관리법을 통해 모든 일을 일목요연하게 정리하기로 마음먹었다.

아침잠에서 깬 마이크는 책상 앞에 앉아서 오늘 할 일 목록을 작성했다. 크고 두려운 일부터 사소하고 일상적인 일까지, 머릿속을 짓누르는 모든 일을 **인식의 영역**으로 끌고 왔다. 그런 다음 목록을 꼼꼼히 살펴보며 모든 항목을 아래 네 가지로 분류했다.

- 중요하고 급한 일: 즉시 처리한다.
- 중요하지만 급하지는 않은 일: 일정표에 추가한다.
- 중요하지는 않지만 급한 일: 다른 사람에게 위임한다.
- 중요하지도, 급하지도 않은 일: 삭제하거나 무시한다.

마이크의 업무 중에는 지역 행사 후원 의사를 묻는 인근 자선 단체의 이메일에 답장하는 일도 있었다. 아침 일찍 도착한 이메일에는 '신속한 답변 요청합니다'는 제목까지 붙어 있었

생각 중독

나. 마이크는 잠시 생각했다. '이 이메일에 답장하는 일이 중요한가?' 다시 말해, 이 이메일에 답장하면 그의 목표에 다가가는 데 도움이 되는가? 그의 주요 사업 목표는 6개월 이내에 사업을 확장하는 것이다. 답은 명백히 '아니오'였다.

마이크 개인에게 자선 자체가 중요하지 않거나 가치 없다는 뜻은 아니다. 자선이 타인에게 의미 없다고 말하는 것도 아니고 요청의 타당성을 말하고자 하는 것도 아니다. 우선순위와 계획을 세워 집중해야 하는 일을 논하려는 것뿐이다. 다음으로 마이크는 요청받은 일이 급한지 스스로 질문했다. '이 이메일에 빨리 답장하지 않으면 불이익이 있는가?' 이에 대한 대답역시 '아니오'였다.

마이크는 이 일을 어떻게 해야 할지 단번에 알았다. 비서에게 위임해 정중하게 거절하거나 연기하는 내용으로 답하라고 지시하는 것이다.

다음으로 마이크는 투자자가 될지도 모를 새로운 고객과 연락해 만날 일정을 잡아야 하는데, 이 고객은 일주일 정도만 시내에 머물 예정이기 때문에 급히 해야 할 일이었다. 명백히 중요한 일이었다. 최종 목표에 직접적으로 영향을 미칠 만한 일이기 때문이다. 그는 이 항목 옆에 번호 '1'을 쓴 다음 그날의 첫 업무로 처리하기로 했다.

그다음 항목은 '헬스장에서 90분 동안 운동하기'였다. 약간 애매했다. 이 일은 중요한가? 음, 사업 확장이라는 목표에 지금 당장 가까워지게 해주는 일은 아니었다. 하지만 마이크는 건강하고 몸이 탄탄할수록 일할 에너지가 생기고 전반적으로 기분이 좋아진다는 사실을 잘 알고 있었다. 그러므로 이 일은 중요했다.

하지만 급한 일인가? 그건 아니었다. 어느 시점엔가는 해야 하지만 급하게 할 필요는 없었다. 마이크는 해당 항목 옆에 '2'라고 쓴 다음 1번 업무를 다 끝낸 이후로 일정을 잡았다. 그는 전체 항목을 이런 식으로 정리했고, (중요하지도, 급하지도 않은 업무에 해당하는) 업무 4분의 1이 삭제되었으며 중요하지는 않지만 급한 업무를 모두 비서에게 위임하거나 규모를 줄였다.

마이크에게는 할 일 항목이 줄어들고 순위가 매겨진 새로운 할 일 목록이 생겼다. 마이크는 자신의 최종 목표를 계속 떠올리며 행동을 선택함으로써 목표에 맞게 삶을 재정비했다. 통제력이 생긴 그는 더 차분해진 기분이었다. 정신을 산만하게 하는 무의미한 일을 빠르게 없애는 동시에 정말 중요한 일에 모든 에너지를 쏟을 수 있었다. 마이크는 **더 적게 일하거나 더 느슨하게 일하는 것이 아니라, 더 전략적으로 일함으로써 스트레스를 줄일 수 있었다.**

생각 중독

마이크가 이 기법을 시도하지 않았다면 어떤 일이 벌어졌을까? 이른 아침에 온 자선 단체 이메일에 정신이 팔려 답장을 고민하며 썼다 지우느라 시간을 허비했을지도 모른다. 그러다가 투자자에게 전화해 만날 약속을 정해야 한다는 것이 기억나서 답장 쓰기를 잠시 중단했을 수도 있다. (이 과정에서 일을 끝내지 못하고 '미루어두었다'는 사실 때문에 약간 스트레스를 받을 수 있다.) 당황한 채 투자자에게 전화를 걸어 더듬더듬 대화를 이어가다 보면 스트레스를 더 많이 받을 것이다. 마이크는 다시 이메일을 마저 쓰려고 애쓰며 일주일 내내 미루고 있는 다른 수많은 일도 끝내보려고 애쓴다. 그러다가 더 늦기 전에 헬스장에 가야 한다는 것을 깨닫지만 운동하는 내내 투자자와 했던 어색한 통화를 걱정한다. 그 결과 스트레스가 더 심해지고 운동하는 내내 정신이 산만해져 비효율적인 시간을 보낸다. 하루가 끝날 무렵, 마이크는 집중한 시간에 비해 완료한 업무가 적어서 급하고 혼란스러운 마음을 느끼며 불필요한 스트레스를 더 많이 받는다.

물론 아이젠하워식 관리법을 활용하더라도 가끔은 당장 급히 해야 하거나 예상치 못한 곳에서 책임질 일이 생길 수도 있고, 다른 일 때문에 원래 하려던 일을 미뤄야 할 수도 있다. 하지만 업무의 우선순위를 정하고 체계적으로 정리해 통제권을 갖게 되면, 갑작스러운 상황에서도 덜 당황하고 불안도 덜 느낀다. 통제감을 많이 느낄수록 과한 생각과 분석에 빠질 가능성이 줄어든다는 사실을 기억하자.

통제권이 있으면 뇌의 분석력을 이용해 일종의 '정신적 분류'를 하게 된다. 어떤 일이 머릿속이나 일정표에 자리를 차지하도록 허락하기 전에 그 일을 자세히 살펴서 중요한 정도와 급한 정도를 확인하는 것이다. 그런 다음에 주의력과 시간을 얼마나 할애할지 결정한다.

업무를 물끄러미 바라보며 "너는 내 장기 목표에 도움이 되지 않고 급하지도 않기 때문에 이제 널 내 머릿속에서 내쫓을 거야. 난 다른 일에 집중할 거야"라고 소리 내 말하는 것도 도움이 된다. 이렇게 단호하게 말하는 것만으로도 마법처럼 마음이 차분해진다.

이 기법을 전체 조직 평가에 활용할 수도 있고, 종일이 아니라 더 짧은 시간 동안의 할 일 목록에 적용할 수도 있다. 일을 해나가는 과정에서 스스로 다음 질문을 해보자.

- 시간과 에너지를 최대한 쏟아부어야 하는 일인가, 아니면 완전히 없애는 것이 가장 좋은 일인가?
- 이 활동을 통해 목표를 향해 나아가는가? 이 활동은 내 가치

를 충족하는가? 내가 이상적으로 생각하는 내 모습에 부합하는가?

- 지금 이 일을 해야 한다면 전부 다 해야 하는가? 이 일의 어떤 부분이 정말 중요한가?

가끔은 중요하지도, 급하지도 않은 업무가 그런 것처럼 보일 때도 있다. 이를테면 까탈스럽고 선을 잘 넘는 친구가 당신의 죄책감과 의무감을 자극해 자신의 위급한 상황이 당신에게도 위급한 상황인 것처럼 보이게 할 수 있다. 광고주는 이런 식의 거짓 긴박함을 잘 만들어낸다. 심지어 생산성 향상을 도와준다는 앱이나 도구 중에도 잘못된 인식을 심어주는 것들이 있다. 매우 중요한 역할을 한다고 내세우지만, 사실상 껍데기만 바뀌었을 뿐 집중을 방해한다. 다행히 우리에게는 방법이 있다. 자신의 목표, 진정한 가치, 우선순위를 자주 떠올릴수록 불합리하게 주의 집중을 요구하는 일들을 빨리 파악할 수 있다.

스마트한 목표 설정

당신은 아마도 구체적이고 시간제한이 있는 좋은 목표, 소위 '스마트SMART한' 목표라는 개념을 이미 어느 정도 알고 있을 것이다. 젠 오닐Jan O'Neill은 교육계에 큰 영향을 미친 저서

『스마트한 목표의 힘: 목표를 활용한 학습 능력 개선*The Power of SMART Goals: Using Goals to Improve Student Learning*』에서 달성 가능한 명확한 목표와 눈에 띄는 성공 사이의 관계를 뒷받침하는 증거를 탐색했다. 오늘을 비롯한 몇몇 교육 전문가들은 구체적인 목표를 설정하는 데 필요한 **집중력**이 목표 달성 여부를 예측하는 가장 큰 지표라는 사실을 거듭 확인했다. 동기부여 강사 토니 로빈스Tony Robbins는 목표 설정이란 "보이지 않는 것을 보이는 것으로 바꾸는 첫 단계"라고 말했다. 다시 말해 목표는 우리를 잠재력에서 현실로 데려다준다고 강조했다.

하지만 생각 과잉의 관점에서 바라본 목표 설정은 단순히 성공하도록 돕는 힘에 그치지 않는다. 목표 설정이 중요한 또 다른 이유는 불안과 반추의 주요 원인이 불확실성, 불명확성, 불분명한 가능성이라서다. 그런데 우리는 미지의 대상에 더 적극적으로 관여할수록(즉, 목표를 세워 미지의 대상을 구체화할수록) 통제를 잘하고 있다고 느낀다. 나아갈 길과 자신의 가치가 불명확한 사람은 조금만 스트레스받아도 무력감을 느끼고 불안해지기 쉬운 반면, 자신이 원하는 바와 그 이유를 정확히 아는 사람은 엄청난 도전과 시련을 헤쳐나갈 수 있다.

우리는 목표가 있으면 혼란과 산만함에서 벗어날 수 있고 삶에 명확함과 집중력이 생긴다는 사실을 알고 있다. 하지만 자신의 가치를 안다고 해서 반드시 목표를 잘 설정하는 것은 아니므로 달성 가능성이 높은 목표를 설정하고 있는지 반드시 신중하게 확인해야 한다. 이제 소개할 스마트한 목표는 현재 위치에서 도달하고 싶은 위치까지 안내하는 길잡이가 되어줄 것이다.

- **Specific: 구체적이어야 한다.** 구체적인 목표는 당연히 산만함을 줄여준다. 최대한 명확해야 한다. 무슨 일이 일어날지가 아니라 내가 무엇을 할지 분명하고 세밀하게 정한다.

- **Measurable: 측정 가능해야 한다.** 측정할 수 있고 정량화할 수 있어야 좋은 목표다. 결과는 모호해서도 안 되고 해석의 여지를 남겨서도 안 된다. "내가 목표를 달성했다는 사실을 어떻게 알 것인가?"라는 질문에 답을 찾아라.

- **Attainable: 달성 가능해야 한다.** 현재 상황을 고려해 현실적인 목표를 세워야 한다는 뜻이다. 목표를 달성하기 위해 도전하고 시련을 극복해야 하지만 가능하고 합리적인 범위여야 한다.

- **Relevant: 가치와 관련되어야 한다.** 이 목표를 넓은 범위로 볼 때 나의 가치에 부합하는가? 작은 목표는 큰 목표에 부합하는가? 맥락에 맞는가?

- **Time-bound: 기한이 있어야 한다.** 언제까지 목표를 달성해야 하

는지 마감 기한을 정하거나 대략이라도 정한다. '언젠가' 이루겠다는 목표는 절대 실현되지 않는다.

예를 들어보자. '더 건강해지고 싶다'는 매우 잘못된 목표의 전형적인 모습이다. '스마트'라는 기준을 충족하도록 목표를 다시 설정하자면 다음과 같다.

'전반적으로 식단을 개선하기 위해 다양한 과일과 채소를 매일 5회분(1회분 80g) 이상 먹고, 이 계획을 이번 달 말까지 매일 지키겠다.'

이 목표는 구체적이고(다양한 과일과 채소를 매일 5회분 이상 먹겠다) 측정 가능하며(먹은 과일과 채소의 무게를 잴 수 있다) 달성할 수 있고(현실적인 계획이다) 가치와 관련되어 있으며(식단을 개선하겠다는 더 큰 목표에 부합한다) 기한이 있다(이번 달 말이라고 목표 기한을 정했으며 매일 먹겠다는 짧은 기한도 있다).

물론 스마트한 목표가 앞에 놓인 과제 난이도를 바꾸지는 못한다. 하지만 비전을 구체적으로 규정해 더 효율적으로 행동하는 데는 분명 도움이 된다. 목표가 있으면 실제로 무엇을 어떻게 하고 있는지 더 신중하게 생각한다. 많은 사람이 구체적인 목표를 세우지 않은 채 임무에 착수하고 결국 계획이 순식간에 무너지면서 자신에게 실망하고 만다. **스마트한 목표를 세운**

생각 중독

다는 것은 사실상 현재에서 미래로 향하는 여정을 계획하는 것이다. 모든 활동은 명확하고 논리적인 계획이 있을 때 더 성공할 수밖에 없다.

목표를 글로 적는 일이 약간 뻔하다고 생각할지도 모르지만, 한번 해보면 자신의 비전이 얼마나 불명확했는지 알게 되어 놀랄 것이다. 모호하고 집중하지 못한 목표 때문에 스트레스를 더 많이 받고 있는 건 아닌지 자신에게 솔직하게 물어보자. 혹시 목표가 압박과 긴장을 해소하는 방법을 명쾌히 알려주는 대신 오히려 더 유발하지는 않는가?

열심히 노력해야 달성 가능한 목표를 세우고(달성 불가능한 경우에는 조금 더 현실적인 목표를 세우고) 중요한 일에 능동적으로 집중하면, 계획을 달성하려는 의지가 강해지고 스트레스도 덜 받는다.

칸반 관리법

지금까지 설명한 방법 대부분이 공통적으로 고수하는 기본 원칙이 있다. 머릿속에 정리된 정보가 많을수록(즉, 체계성과 효율성이 높을수록) 걱정거리가 줄고 생각 과잉에 빠지지 않는다는 점이다. 칸반(Kanban, '간판, 광고판'을 뜻하는 일본어―옮긴이)은 작업이 어떻게 진행되고 관리되는지를 시각적으로 보여주는 체계인데, 칸반 관리법을 잘 활용하면 개인의 생산성을 향상할 수 있다. 실제 업무 흐름을 파악하고 그 흐름을 개선할 수 있는 것이다.

일본에서 시작된 칸반 관리법은 원래 공장과 같은 제조업에서 효율성을 극대화하기 위해 사용했다. 이 방법을 개인에게 적용하자 이미 적용 중인 시스템과 절차를 점검하고 개선하는 데 효과가 뛰어났다(하지만 목표를 파악하거나 체계를 세우는 데는 도움이 되지 않는다는 사실을 알아두자). 즉 이미 구축된 체계를 계속 효율적으로 운영할 수 있게 하는 관리법이다.

이때 다음 네 가지 기본 원칙을 염두에 두어야 한다.

1) 이미 진행 중인 일에 적용한다.
2) 지속적이고 점진적인 변화를 통해 더 나은 결과를 얻는다.
3) (적어도 초기에는) 기존 규칙과 한계를 존중한다.
4) 강력한 리더십을 최대한 권장한다.

개인 목표에서는 꾸준한 개선을 말하는 두 번째 원칙을 가장 고려해야 한다. 여기에서 말하고자 하는 건 (위협이 될 수도 있는) 엄청난 도약을 시도하기보다 작은 단계를 차근차근 밟아나가면 더 많은 것을 이룰 수 있다는 것이다. 칸반 관리법의 핵

생각 중독

심 실행 원칙을 바탕으로 기존의 업무 흐름을 구체화한 다음, 더 나은 방향으로 차츰 개선해나가자.

다음은 적용할 수 있는 다섯 가지 활용법이다.

- **업무의 흐름을 시각화한다**

  직업적으로 하는 일이든 (소설 쓰기나 운동 같은) 다른 일이든 한눈에 볼 수 있도록 단계별로 보드에 적는다. 다양한 색, 기호, 열을 활용해 업무 단계를 분류한다. 밖으로 더 많이 꺼내 놓을수록 안에서 걱정할 일이 줄어든다는 것을 기억하자.

- **추가 업무 진행을 제한한다**

  이 원칙은 불 끄는 사람과 바빠서 괴로운 사람에게 유용하다. 여러 일을 한꺼번에 하지 말라는 뜻이다. 한 가지 일에 온전히 집중해 그 일을 완료한 뒤에 다음 일을 한다. 이렇게 하면 다음에 무엇을 할지 생각하고 싶은 유혹을 억제할 수 있다. (즉, 생각 과잉을 방지한다!) 게다가 하다 만 일 때문에 스트레스받고 무력감을 느끼지 않을 수 있다.

- **업무 흐름을 관리한다**

  나의 관심, 시간, 에너지가 이 업무에서 저 업무로 어떻게 흘러가는지 점검한다. 출퇴근이나 대기 때문에 시간을 많이 버리는가? 이 일 저 일 바꿔가며 하느라 다시 집중하는 데 시간을 낭비하는가? 어느 부분에서 시간을 낭비하는지 점검하고 잘 관리할 수 있게 업무 절차를 다듬는다. 이 과정은 생각보다 간단하다. 두 번 차를 타고 나가느라 시간과 연료를 낭비하지 않고 한 번 나가서 두 가지 일을 처리하고 오는 것과 같은 원리다.

- **피드백 루프**feedback loop**를 구축한다**

비즈니스 세계에서 유명한 "빨리, 자주 실패하라"라는 말과 일맥상통할지도 모르지만, 칸반 관리법에서는 다르다. 어떤 식으로 업무를 진행하고 조정하고 반복하는지를 지속적으로 확인하는 체계를 구축한다는 의미다. 업무 처리 절차와 내가 들인 노력을 점검하고 실제로 효과가 있는지 확인하자 (스마트한 목표를 세웠으므로 측정 가능하다). 피드백 루프를 꾸준히 활용하면 점진적 개선이 가능하다.

- **협업으로 개선하고 실험으로 발전한다**

이 개념을 일상생활에 적용하는 경우는 많지 않지만, 이를 통해 비상업적 환경에서 우리가 하는 모든 일에 과학적인 방법

생각 중독

론을 적용하는 법을 배울 수 있다. 지속적인 실험을 통해 일상생활에서 가설을 세우고 그 가설을 시험하며 다듬어나갈 수 있다.

이 원칙은 생각 과잉에서 벗어나고 싶은 평범한 사람에게 너무 추상적으로 느껴질지도 모르지만 어디에나 효과적으로 적용할 수 있다. 예를 들어 식사 준비, 장보기, 식단 고민으로 계속 스트레스받는 사람이 있다고 하자. 그래서 차분히 앉아서 가게에서 식재료를 사는 장보기부터 메뉴를 짜고 요리하는 과정을 그림으로 그려 시각화한다고 생각해보자(냉장고에 먹을 것이 없을 때 음식을 포장해 오는 비상 상황까지 포함한다).

이렇게 시각화하면 흐름이 원활하지 않은 부분을 확인하게 된다. 가령 주중에 음식을 많이 버리고 주말에는 먹을 것이 없어서 스트레스받는다는 사실을 깨달았다. 그렇다면 소비기한에 따라 음식을 분류하는 새로운 체계를 도입해 관리하면 된다. 이를 일주일 동안 적용해본 뒤에 음식 관리가 잘되는지, 스트레스가 덜한지를 확인한다. 점진적인 개선이 목표이므로 부족한 부분을 조정하고 다시 시도한다.

사실 시행 초반에는 스트레스받는 문제를 더 많이 생각한다고 느낄 수 있다. 하지만 이때 하는 생각은 기분을 나쁘게 하는 쓸모없는 반추가 아니다. 이 과정에서 변화를 만들어내고 일상을 책임지고 실제로 효과 있는 것을 찾아내며 자신에게 권한을 부여하게 된다. 근본적으로는 스트레스를 더하는 것이 아니라 스트레스에서 벗어나도록 스스로 삶을 완벽하게 설계 하는 것이다!

끝으로 전체 절차를 고려해 업무 계획을 세운 다음 각 업무 에 할당한 시간을 효율적으로 사용할 수 있는 현명한 방법을 생각해보자.

시간 할당으로 생산력 올리기

사람들은 대부분 매일 한 가지에 상당한 시간을 쏟는다. 바 로 일이다. 하지만 각종 회의, 이메일, '바쁜 업무'에 시간을 낭 비하는 바람에 정작 중요한 일에 집중하지 못하고 생각 과잉 에 빠지기 일쑤다. 시간을 적절하게 할당하면 불 끄는 사람, 미 루는 사람, 바빠서 괴로운 사람이 업무 일정을 통제하고 스트 레스를 줄이는 데 유용하다. 이를 통해 매사에 일일이 반응하 지 않게 되어 산만한 태도에서 벗어날 수 있고 시간을 잘게 쪼 개 써서 어수선하고 방해받은 기분, 혼란스러움을 방지할 수 있다.

시간을 할당하면 이 일 저 일로 빠르게 전환하며 여러 가지를 한꺼번에 하지 않을 수 있다. 특정 시간대에 한 가지 업무만 하도록 일정을 잡아 그 일에 집중하는 것이다. 미리 계획을 세움으로써 무엇을 해야 할지 결정하느라 시간과 에너지를 낭비하지 않고 언제나 우선순위에 따라 업무를 시작할 수 있다. 우리는 한꺼번에 많은 일에 얕게 주의를 기울이기보다 지금 하는 일에 온전히 몰두해 '깊은 일'을 하고 싶어 한다. 이렇게 깊이 있게 일에 몰두하면 (같은 시간에 일을 더 많이 할 수 있어서) 효율적일 뿐만 아니라 스트레스도 훨씬 덜 받는다. 따라서 정신적, 감정적으로 노력을 덜 들이고도 더 만족스러운 업무 성과를 거둘 수 있다.

깊은 업무는 '중요하고 급한' 일이거나 '중요하지만 급하지는 않은' 일이어야 한다. 반면 얕은 업무는 그 밖의 나머지 일들, 즉 위임하거나 삭제해도 되는 일이다. 결국 하루를 잘 보낸다는 것은 진정으로 삶을 풍요롭게 하고 목표에 다가가는 데 도움이 되는 일에 시간을 최대한 많이 쏟고, 해야만 하는 얕은 업무나 그로 인한 스트레스를 최소화하는 것이다. 시간을 덩어리로 할당하면 완벽주의를 추구하고 싶은 충동을 억제하게 된다. 실제로 업무에 필요한 시간을 현실적으로 파악할 수 있다.

- 먼저 하루 또는 일주일 동안 무엇을 이루고 싶은지, 우선순위 중 어떤 일에 특히 집중하고 싶은지 스스로 질문한다. 그리고 그에 대한 답을 기준으로 접근한다.

- 그런 다음 매일 하루의 시작과 끝에, 즉 아침과 저녁에 규칙적으로 하고 싶은 일을 정한다. 이를테면 매일 아침에 운동과 명상을 하고 잠들기 전에 느긋하게 책을 읽거나 가족과 시간을 보내겠다고 정할 수 있다. 물론 모든 것은 우선순위와 가치에 따라 정해야 한다(당연히 수면 주기와 습관도 반영해야 한다).

- 이제 가장 먼저 최우선 업무를 처리할 시간대를 설정한다. 가장 정신이 또렷하고 기운이 넘치는 시간이어야 한다. 이 시간대는 가급적 끊어지지 않고 연결되어야 한다.

- 그러고 나서 생산성이 떨어지는 때를 덜 중요한 얕은 업무 시간으로 할당한다.

- 당연히 이메일에 답장하거나 갑자기 생기는 일을 비롯해 예측할 수 없는 업무를 처리할 시간도 매일 할당해야 한다. 이 시간을 따로 떼어두면 일이 쌓이지 않아 스트레스를 줄일 수 있다. 또한, 이렇게 따로 시간을 지정함으로써 그 밖의 시간에는 외부 요인 때문에 갑자기 발생하는 업무를 안심하고 잊어버릴 수 있다.

생각 중독

- 일정표를 점검하고 이를 며칠 동안 시행해보자. 이것은 절대 불변의 진리가 아니니, 무엇이 효과적인지 확인하고 효과가 없는 것은 바꾸자.

예를 들어보자. 마리는 아침형 인간이 절대 아니다. 그녀는 새벽 6시 기상은 고사하고, 어떻게 사람이 아침에 일이라는 걸 할 수 있는지 전혀 이해하지 못한다! 시간이 지나면서 마리는 자신이 오후 1시쯤에 가장 정신이 또렷하고 생산적이라는 사실을 알게 되었다. 가장 에너지가 넘치는 시간이 오후 1시부터 두어 시간 정도라는 걸 깨달은 마리는 그 시간대에 가장 어려운 업무를 하기로 했다.

오전 8시부터 오후 1시까지는 에너지를 덜 써도 되는 일을 하도록 정했다. 그 시간에 마리는 생활 관리와 집안일을 한다. 운동을 하고, 회의나 약속을 잡고, 청구서를 처리하고, 장을 보는 등 잡다한 일을 처리한다. 이런 일들을 처리할 때는 순서에 크게 연연하지 않지만, 오후 1시가 되면 꼭 문을 닫고 헤드폰을 쓴 채 2시간 동안 잠시도 쉬지 않고, 어떤 핑계도 대지 않고 일에 집중한다.

집중 업무 시간이 끝나면 마리는 다시 기운이 빠지기 시작한다. 이 시점에는 마무리 업무를 처리하는데, 주로 다음으로 미뤄도 큰 문제가 없을 만한 일들이다. 그 후 저녁에는 집에서 조용히 쉬다가 잠자리에 든다. 마리는 밤늦게까지 사람들과 시간을 보내면 다음 날 일정이 완전히 망가진다는 것을 알기 때문에, 에너지가 정점에 달하는 때와 생활 리듬을 맞췄다. 친구들을 만나거나 외부로 놀러 가는 일정을 주말에 잡는 이유다. 겨울이 되어 해가 늦게 뜨고 날씨가 추워지면 시간을 한두 시간 정도 조정한다.

이 일정표를 시행한 초기에는 업무상 책임을 회피하는 것 같아서 죄책감도 약간 느꼈다. 하지만 마리는 일정표를 지킨 덕분에 스트레스를 덜 받고 더 효율적으로 일하게 되었다. 정신이 흐리멍덩하고 쉽게 산만해지는 시간대로 일정을 잡았을 때 4시간 30분 걸리던 업무가 에너지가 정점에 달하는 시간대로 옮기자 2시간 만에 끝났다. 4시간 30분 동안 일할 때는 내내 스트레스를 받았지만 집중해서 일하는 2시간 동안은 스트레스를 거의 받지 않았다.

실생활에서 시간을 적절하게 할당한 사람들은 대부분 **삶에 스트레스를 주는 일이 오히려 삶을 더 생산적으로 만든다**는 사실을 깨닫고 놀라워했다!

일정표에 휴식과 여가를 의도적으로 계획하고, 만일을 대비해 각 업무 사이에 약간 여유를 두는 사람들도 많다. 일주일에 하루 정도는 못한 일이나 '넘치는 일'을 처리하는 날로 정해, 일이 너무 밀려 자포자기하지 않도록 하는 것도 좋은 방법이다.

기억해야 할 점은 일정표는 스스로 통제하도록 도와주는 도구일 뿐 일정표에 지배당하면 안 된다는 것이다. 무엇이든 효과가 없으면 수정하자. 다양한 일정 관리 앱, 달력, 알림을 활용해보자. 시간 덩어리를 늘렸다 줄이기도 하고, 하루를 평가하는 시간도 할당하자. 시간이 지나면 이렇게 시간을 할당한 일정표가 스트레스를 줄이는 데 매우 큰 역할을 하게 될 것이다. 그 덕분에 훨씬 더 생산적으로 일할 수 있음은 말할 것도 없다.

요점 정리

☐ 불안을 유발하는 주요 원인 중 하나는 잘못된 시간 관리다. 우리는 대개 자신을 비참하게 만드는 일을 우선시하고 삶을 진정으로 즐기는 일에는 시간을 충분히 쏟지 않는다. 시간을 내서 여가와 휴식을 충분히 즐기는 경우는 드물기 때문에 불안을 줄이려면 의식적으로 시간 관리를 해야 한다. 이를 위해 몇 가지 조언하자면, 할 일 목록을 정기적으로 만들고 나의 실제 우선순위를 솔직히

반영해 업무 우선순위를 정하며 목표를 작은 단위로 나누어라.

☐ 시간 관리에 도움이 되는 다른 전략도 있다. 그중 하나는 앨런식 입력값 처리법으로, 여기에서 말하는 입력값이란 모든 외부 자극을 뜻한다. 전화와 이메일처럼 아주 사소한 자극을 비롯한 입력값에 어떻게 반응하는지 분석하고 점검해야 한다. 그런 다음 반응을 바탕으로 특정 자극에 다른 자극보다 먼저 대응할 수 있는 최선의 방법을 계획해야 한다.

☐ 스마트한 목표 설정도 유용한 기법이다. 목표를 매우 상세하게 기록하면 무엇을 해야 할지 정확히 알 수 있다. 그런 다음, 이 목표를 달성했다는 것을 알 수 있는 측정 기준을 설정한다. 목표는 달성 가능해야 한다는 것을 명심하자. 말도 안 되는 목표를 세우면 안 된다. 이 목표가 자신의 가치 체계와 어떻게 관련되어 있는지, 이 목표를 달성하면 어떤 삶의 목적을 이룰 수 있는지 평가하자. 끝으로 목표를 달성하기까지 기한을 두어 합리적인 시간 안에 해내도록 한다.

×

4장

마음의 기술

자기 마음을 다루는 훈련이 필요하다

자신의 가치와 목표에 따라 시간을 구조화하고 조직화하려고 하면 스트레스를 관리하기 수월해진다. 덕분에 생각 과잉에 빠지는 횟수도 서서히 줄어든다. 불안 때문에 지나치게 반추하느라 꽉 차 있던 머릿속 공간에 숨 쉴 구멍이 생기면서, 자신에게 중요한 일이 무엇인지 파악하고 그에 따라 하고 싶은 행동을 의식적으로 생각하게 된다.

하지만 삶의 모든 것을 계획할 수는 없다. 예상치 못한 사건이 벌어질 수 있고 실제로 발생하는 일을 피할 수는 없다. 가끔은 아무리 계획을 잘 세워도 불안해지고 생각 과잉에 사로잡힐 수 있다.

이번 장에서는 이미 불안이 엄습해 위협하는 상황에서 즉시 불안을 줄이는 실질적인 방법을 알아볼 것이다. 삶이라는 경직된 시간에 이완되는 시간을 끼어넣는 방법들이다. 앞으로 일상에서 활용할 수 있는 예방법뿐만 아니라 즉각적인 치료법을 논의하려고 한다. 다만 한 가지 분명히 해두어야 할 점은 여느 좋은 습관과 마찬가지로 이완 역시 연습이 필요하다. 저절로 이완되기를 기다리기만 하면 아무것도 나아지지 않는다. 곧 설명할 이완 기법은 상황이 이미 나빠진 경우뿐만 아니라 언제든 활용할 수 있다.

이완하면 심장 박동과 호흡이 느려지고 혈압이 낮아진다. 소화가 잘되고 혈당 수치도 낮아진다. 몸속 스트레스 호르몬이 감소하고 피로와 근육통도 감소한다. 집중력은 높아지고 잠을 잘 자고 자신감이 생긴다. 그리고 이 모든 긍정적 변화 덕분에 불안과 반추가 줄어든다. 이완은 이 책에 등장하는 다른 기법과 함께 적용할 때 삶의 스트레스를 완화하는 강력한 도구가 된다.

이제부터 **자율 이완, 점진적 근육 이완, 시각화** 이렇게 세 가지 주요 기법을 알아보겠다. 세 가지 모두 5-4-3-2-1 그라운딩 기법과 마찬가지로, 그 순간에 차분하게 집중하고 몸을 인식하도록 독려해 머릿속에 생각의 폭풍이 휘몰아치지 않도록 한다. 이 기법은 전문가에게 정식으로 교육받을 수도 있고 매일 시간을 정해 혼자 훈련할 수도 있다. 일단 익숙해지면 필요할 때 언제든 활용해 스트레스를 관리할 수 있다.

의식적으로 감각에 몰두하기:
자율 이완 훈련

'자연 발생, 자율'을 뜻하는 autogenic은 '자아'를 의미하는 auto와 '태어나다, 기원하다'를 의미하는 genetos가 합쳐져서 만들어진 단어다. 명칭에서 알 수 있듯이 자율 이완autogenic relaxation은 내 안에서 비롯된 이완으로 시각적 심상, 호흡법, 내 몸 인식하기를 통해 스스로 평온을 찾는 방법이다. 어떤 의미로 이 책에 나온 모든 기법은 자율적이다. 스트레스 상황에서 상대적으로 평온한 상태로 전환하는 능력과 스트레스에 저항하는 타고난 신체 메커니즘에 의존하기 때문이다.

이런 식의 접근법은 1920년대 독일의 징신과 의사이자 심리치료사 요하네스 슐츠Johannes Schultz가 제안했다. 슐츠는 최면을 비롯한 다른 형태의 깊은 이완에도 관심이 있었다. 자율 이완 훈련은 의지에 따라 몸과 마음의 평온한 상태를 체계적으로 유도하는 것을 목적으로 해 불안이 심한 사람들에게 효과가 뛰어나다.

《아시아 간호 연구Asian Nursing Research》학술지에 게재된 연구에 따르면, 자율 이완 훈련을 한 간호사의 주관적 스트레스 반응이 크게 개선되었다. 최근 연구를 더 살펴보자. 2021년 파블로 리베라Pablo Rivera-Vargas 연구진은 《심리학 프런티어Frontiers in Psychology》학술지에 발표한 연구에서 스페인의 코로나19 팬데믹 기간 동안 자율 이완 훈련이 스트레스 관리에 효과를 보였음을 입증했다.

오늘날 슐츠의 연구를 기반으로 한 자율 이완 훈련 센터는 세계 곳곳에서 찾아볼 수 있다(대부분 영국, 일본, 독일에 있다). 공인된 심리치료사를 통해서도 이런 종류의 훈련을 받을 수 있지만 반드시 정규 훈련을 받거나 깊이 조사하지 않더라도 스스로 기본 원리를 이해할 수 있다. 생물학적 관점에서 말하자면, 자율 이완은 불안과 생각 과잉이 시작되는 중추신경계를 의도적으로 진정시키는 방법이다. 괴로운 생각이나 감각을 마주했을 때 일일이 반응하고 무력해지는 대신, 이를 통제해 자신의 감정 상태와 생리적 각성을 조절하는 방법을 배우는 것이다.

몸과 마음 전체를 아우르는 이완 기법은 제대로 실행하면 20분 정도 걸린다. 훈련생은 편안한 자세로 시작하고, 훈련을 이끌어주는 안내자는 말로 주의를 유도해 신체 감각을 인식하도록 한다. 예를 들어 "나는 완전히 평온합니다"라고 여섯 번 정도 말한 뒤에 "오른팔에 힘을 빼세요", "나는 완전히 평온합니다", "왼팔에 힘을 빼세요"라고 말할 수 있다. 안내자는 이런 말을 반복하며 온몸을 하나하나 짚어준다. 연습 끝 무렵에는 이 과정을 반대로 말한다. "팔에 힘이 들어갑니다"라거나 "정신이 또렷해집니다"라는 식으로 말해서 이완 상태에서 깨운다.

이러한 주요 이완 기법 또는 수업은 말로 신호를 주어 다음 사항의 인식을 촉진한다.

- 힘을 빼서 묵직해진 몸
- 몸의 온기
- 심장 박동
- 호흡
- 배의 감각
- 이마에 느껴지는 서늘함

훈련을 통해 단순히 이완하는 데서 그치지 않고 모든 종류의 자극에 대한 인식을 통제하는 법을 배운다. 이뿐만 아니라 자신의 내면세계에 대한 권한과 통제력을 키울 수 있다. 실제로 응용 정신생리학·바이오피드백 협회AAPB에서 실시한 메타 분석을 통해 자율 이완 훈련이 고혈압, 우울증, 천식, 편두통, 불안, 공포증, 통증, 불면증을 비롯한 다양한 질환을 치료하는 데 효과가 있는 것으로 입증되었다. 규칙적인 자율 이완 훈련이 스트레스와 긴장을 해소하고 그 과정에서 자존감을 높이는 데도 도움이 되는 것은 놀랄 일이 아니다.

혼자 훈련하는 순서를 간략히 설명하면 다음과 같다.

1) 앉거나 누워서 편안한 자세를 취한 다음, 느리게 심호흡하며 "나는 완전히 평온하다"라는 말을 천천히 여섯 번 반복한다. 두 번째 항목인 '몸의 온기'를 인식하려면 몸에서 느껴지는 따뜻한 감각에 의식을 집중하자.

2) 그다음 "내 왼쪽 팔은 따뜻하다"라는 말을 여섯 번 반복하고 "나는 완전히 평온하다"라는 말을 다시 여섯 번 반복한다. 천천히 말하며 감각에 몰입한다. 느리게 호흡하며 몸에 집중한다.

3) 오른쪽 팔, 두 다리, 가슴, 배 순서로 두 번을 반복한다. 매번 "나는 완전히 평온하다"라고 여섯 번 말하는 것을 잊지 말자.

4) "팔에 힘이 들어간다", "정신이 또렷해진다" 같은 말로 이완 과정을 되짚는다. 그리고 "눈을 뜬다"라는 말로 훈련을 마무리한다. 총 소요 시간은 15분에서 20분이어야 한다.

훈련을 반복하면서 매번 다른 감각에 집중한다. 처음에는 힘 빼기, 다음으로 온기, 심장 박동을 비롯해 앞서 언급한 여섯 가지에 차례로 인식을 집중한다. 모든 과정을 거치고 나면 다음과 같이 훈련할 수 있다.

"두 팔에 힘을 뺀다."
"두 다리에 온기가 느껴진다."
"심장 박동이 편안하고 규칙적이다."
"호흡이 편안하고 규칙적이다."
"배에 긴장이 풀린다."
"이마가 기분 좋게 서늘하다."

충분히 시간을 들여 감각에 완전히 몰두하는 것이 중요하다. 서두르지 말고 내면에서 원하는 평온함을 느끼도록 안내하는 데 온전히 집중하자. "나는 완전히 평온하다"라고 말할 때 실제로 몸이 편안해지는 것을 느끼자. 그러면 정말 마법 같은 일이 벌어진다! 다만 자율 이완 훈련의 효과를 제대로 느끼려면 시간이 걸린다. 또한, 집중해서 열심히 훈련해야 온전하게 느낄 수 있다. 힘든 과정을 견딘 뒤에는 노력의 결실을 무한히 누릴 수 있다. 언제, 어디에서나 간단히 스트레스를 다스릴 수 있는 기술을 익혔기 때문이다. 이뿐만 아니라 심장 박동, 체온, 혈압을 비롯해 몸속의 생물학적 과정을 어느 정도 제어하게 된다. 매일, 가능하다면 여러 번, 몇 분 정도 시간을 내서 주기적으로 자율 이완 훈련을 실시하자. 그러면 이 훈련이 생각 과잉을 멈추는 데 얼마나 효과가 있는지 알게 될 것이다.

자율 이완 훈련이 마음에 든다면 미세한 부분을 잡아줄 전문가나 강좌가 주변에 있는지 알아볼 수도 있다. 초보자라면 훈련 과정을 단계별로 안내하는 온라인 영상과 오디오 가이드의 도움을 받아 쉽게 시도해볼 수 있다. 물론 간단한 오디오 가이드를 직접 만들 수도 있다. 각 단계 사이에 잠시 멈추어 설명과 지시 사항을 녹음한 다음, 매일 훈련할 때 녹음한 내용을 틀어놓으면 된다.

다만 훈련받은 전문가에게 지도를 받지 않고 혼자서 시도하면 몇 가지 위험이 따른다. 드문 경우지만 일부는 이 기법을 훈련하고 더 불안하거나 우울해졌다. 하지만 정신 건강에 눈에 띄는 문제가 없는 사람이라면 자율 이완 훈련에서 파생된 몇 가지 간단한 기법을 안전하게 시도할 수 있다. 당뇨병이나 심장 질환을 앓는 사람이라면 자율 이완 훈련이 바람직하지 않다. 또한, 이 훈련 때문에 혈압이 급격하게 상승하거나 하강하는 경우도 있다. 이러한 건강상의 문제가 있다면, 병원에 방문해 자율 이완 훈련이 안전한지 의사에게 확인할 것을 강력히 권고한다.

폭주하는 뇌 통제하기: 유도 심상과 시각화 기법

직접 시도하지는 않았지만, 이미 자율 이완 훈련을 할 때 약간의 시각화를 연습했을 것이다. 몸의 온기를 느끼려고 집중하는 동안 희미한 붉은빛이 몸을 감싸는 모습을 상상했을 수 있다. 또는 몸에 힘을 뺄 때 다리가 납으로 만들어져 있거나 부드럽고 폭신폭신한 구름에 파묻힌다고 상상했을 수 있다. 이렇게 머릿속에 떠올린 이미지는 정신과 신체를 하나로 묶는 역할을 한다. 인식, 생각, 감각이 모두 현재 순간에 질서정연하게 존재하게 된다. 이는 평소에 생각 과잉을 유발하고 스트레스를 주던 정신 체계를 잘 조종해 평온하고 균형이 맞춰진 '목적지'

로 이끄는 것과 같다.

우리 뇌는 엄청나게 빠른 속도로 돌아가면서 실제 상황과 전혀 상관없는 장면을 상상해 불안을 유발하게 만든다. 아무리 시각적 감각을 유도하려 해도 신체는 뇌보다 속도가 느릴 수밖에 없다. 하지만 이런 상황에서 감각을 민감하게 훈련하면, 신체 감각을 통해 언제나 머릿속 불안이 아닌 현재 환경을 정확하게 파악할 수 있다. 시각화는 뇌의 기어를 바꾸고 속도를 늦춰 폭주하는 뇌를 더 잘 통제하도록 돕는다.

물론 시각적 상상이 전부는 아니다. 감각을 더 많이 동원할수록 좋다. 시각, 청각, 촉각, 미각, 후각을 동원하자. 마음을 달래고 긍정적인 감정을 일으키는 '장소'를 머릿속에 그려도 좋다. 생각 과잉에 빠진 사람은 이미 그 반대의 행위를, 즉 고통스러운 가상 세계를 괴로울 정도로 자세히 상상하며 그 안에 자신을 밀어넣는 행위를 한다!

이 기법도 혼자 훈련할 수 있고 전문가의 지도를 받거나 오디오 가이드를 활용할 수 있다(이 경우 대개 '유도 심상'으로 분류한다). 마사지, 점진적 근육 이완(이에 대해서는 곧 알아보겠다), 자율 이완 훈련, 요가 같은 것과 함께 할 수 있는 이 방법의 기본 개념은 익숙하다. 내면에서 편안한 장면을 떠올리면 스트레스 반응을 통제하게 되어 생각 과잉과 스트레스로 균형을 잃지 않고 편안함을 느낀다는 것이다. 스트레스를 유발하는 감각에서 편안하게 이완되는 감각으로 의식 방향을 바꾸는 기법으로 다른 곳으로 주의를 돌리는 것에서 약간 더 발전된 형태라고 볼 수 있겠다.

우리 몸과 정신은 함께 작용한다. 눈을 감고 레몬을 상상해보자. 즙이 많고 신맛이 나는 레몬을 생생할 정도로 자세히 상상하면 진짜 레몬을 맛보지 않았음에도 입에 침이 고일 것이다. 이 논리에 따라 평온한 곳에서 편안하게 있다고 생각하며 그에 맞게 행동하면, 몸은 실제 상황인지 그 상황에 관한 생각인지 구분하지 못한다. 시각화를 꾸준히 연습하면 언제든 원할 때 신호에 따라 나만의 '행복한 장소'로 돌아간 듯한 마음 상태에 빠르게 이를 수 있다.

이것은 그 자체로 깨달음이다. 몸이 부리는 변덕과 머릿속에서 마구 휘몰아치는 생각에 휘둘리지 않고 정신 상태를 의식적이고 의도적으로 형성할 수 있다니! 시각화는 훈련할수록 더 능숙해진다. 명상할 때 우리는 인식을 함양하고 그 순간에 집중한다. 유도 심상과 시각화도 마찬가지다. 차이가 있다면 스트레스받는 생각에서 벗어나 우리가 선택한 목표로 인식을 유도하는 것이다. 명상과 시각화는 함께 하면 훌륭한 효과를 낼 수 있다.

시각화의 큰 장점은 시작하기 위해 따로 준비할 것이 없다는 점이다. 원하면 어디에서나 하고 싶은 만큼 할 수 있다. 하지만 처음에는 참을성 있게 집중해서 훈련해야 하고, 요령을 터득하기 전까지는 방해받지 않고 산만하지 않은 공간과 시간을 마련해야 한다.

2018년 제시카 응우옌Jessica Nguyen과 에릭 브라이머Eric Brymer는 논문 〈불안 상태에 개입하는 수단으로서의 자연 기반 유도 심상Nature-Based Guided Imagery as an Intervention for State Anxiety〉을 통해 평화롭고 아름다운 자연 풍경을 상상하면 개인의 행복과 안녕에 큰 영향을 미친다는 연구 결과를 발표했다. 자연 풍경은 도시 풍경이나 도시와 자연이 공존하는 풍경을 떠올릴 때보다 스트레스를 더 많이 낮추었다. 그렇다고 해서 반드시 고요한 숲이나 숨이 멎을 듯 아름다운 바다를 상상할 필요는 없지만, 이 연구는 심상과 자연이 결합했을 때 주목할 만한 이점이 있다고 제안한다. 게다가 실내에 갇혀 지내는 사람들에게 이는 훌륭한 해결책이 된다.

일반적인 유도 심상 훈련법은 다음과 같다.

- 편안한 자세를 취한 뒤에 긴장을 풀고 호흡한다. 마음을 고요히 가라앉히고 눈을 감는다.

- 나를 행복하거나 평온하거나 기운 나게 하는 장소를 고르고 최대한 자세히 떠올린다. 서늘하고 신비로운 숲, 해변, 서재 벽난로 옆에서 포근한 담요를 덮고 있는 장면, 심지어 머나 먼 자주색 행성에 있는 아름다운 수정 궁전을 떠올려도 좋다 (상상이므로 좋아하는 것을 마음껏 떠올리면 된다).

- 그곳의 냄새, 색, 소리, 촉감, 맛을 비롯해 세부적인 것을 자세히 상상하면서 내가 느끼고 싶은 감정을 함께 떠올린다. 평온하고 기분 좋은 느낌일 수도 있고, 행복하고 만족스러운 느낌일 수도 있다. 그곳에서 미소 짓는 모습이나 어딘가에 평온하게 앉아 있는 모습을 떠올리자.

- 직접 이야기를 지어내도 좋다. 스트레스를 씻어준다는 반짝이는 분수에 몸을 담그거나 상냥한 천사와 이야기하거나 아름다운 꽃을 한 아름 모은 자신의 모습을 상상해보자. 그곳에서 최소한 5~10분을 보내자.

- 깨어날 준비가 된 것 같으면 천천히 상상에서 벗어난다. 눈을 뜨고 약간의 스트레칭을 한다. 심상 과정에 종료 의식을 포함할 수도 있다. 이를테면 상상한 장면을 그림처럼 나중에 다시 펼쳐볼 수 있도록 접어서 주머니에 넣는 모습을 떠올린다. 언제든 원할 때 그곳으로 돌아갈 수 있다고 자신에게 말한다.

자율 이완 훈련과 비슷하게 "나는 평온하고 만족스럽다"라는 식으로 말하거나 좋아하는 구절을 말하며 감정 상태에 초점을 맞출 수 있다. 아니면 유도 심상 과정에서 온기와 힘 빼기에 집중할 수도 있다. 예를 들어 스트레스와 걱정거리가 작은 비눗방울이 되어 나에게서 떠나 멀리 떠가는 장면을 상상하는 동안, 그 상상 속에서 팔다리 하나하나에 주의를 집중할 수 있다. 또는 예쁘고 상쾌한 시냇물에서 몸에 물을 튀기면서 편안함과 즐거움을 느낌과 동시에 이마의 서늘한 감각에 집중할 수 있다.

유도 심상은 불안을 낮추는 데 도움이 될 뿐만 아니라 잠재의식에 묻힌 지혜에 접근하는 데 도움이 된다고 알려져 있다. 이 기법은 매우 단순하면서도 효과적이어서 기존 심리 치료 기법의 보조 형태로 널리 쓰이고 있다. 심지어 외상 후 스트레스 장애, 학대, 우울증 같은 심각한 문제를 겪고 있는 사람들도 이 기법을 통해 스트레스를 줄이고 관리하는 데 도움을 받았다.

너무 많이 생각하거나 과하게 분석하거나 쉽게 불안해지는 성향이라면 이 기법을 일이 아니라 놀이로 접근해야 한다. 시각화는 '반드시 이래야 한다'는 관념에서 벗어나, 마음속에서 다리를 쭉 뻗고 상상력을 발휘해 좋아하는 세계를 즐겁게 만들어내도록 해준다.

앞서 언급했듯이 요령을 익히기까지 시간이 걸린다. 시간이 필요한 가장 큰 이유는 직접 만들어낸 이야기를 떠올렸을 때 긴장이 풀리고 편안해지려면 그 이야기가 매우 자세해야하기 때문이다. 스스로 생각이 너무 많다고 생각할지 모르지만, 이런 식으로 이야기를 만들어내는 데 자신의 생각이 놀라울 정도로 단편적이고 생생한 색이나 깊이가 전혀 없다는 사실을 알게 될 수도 있다.

상상이 막연하고 구체화되지 않는다면 다시 감각으로 주의를 돌리자. '평온함'을 머릿속으로 생각만 하지 말고 마음의 눈으로 감각을 직접 느끼도록 해야 한다. 평온함은 무슨 색일까? 지금 손가락 아래에서 느껴지는 감촉은 무엇일까? 평온함의 모양, 냄새, 소리는 어떨까? 평온함에 어울리는 행동, 상징, 이야기는 무엇일까?

훈련이 처음에는 약간 어색하고 혼란스러울 수 있다. 머릿속 이미지에 완전히 몰입하기 힘들 가능성도 높다. 몇몇 사람들은 이 훈련을 좀 더 수월하게 연습하기 위해서 편안한 장소로 직접 가는 것이 아니라 '현명한 안내자'가 자기를 데리고간다고 상상한다. 어떤 식으로 하든 과정은 자유롭게 선택할 수 있다. 유도 심상은 깊은 단계의 이완에 도달해 처음보다 훨씬 긍정적인 마음가짐을 갖는 데 도움이 된다는 점에서 최면과 매우 유사하다.

힘 빼기라는 치트키 쓰기: 점진적 근육 이완법

끝으로 효과가 강력한 기법을 하나 더 알아보자. 근육을 의식적으로 통제하고 인식하는 기법이다. 스트레스가 지속되면 투쟁-도피 반응이 나타나는데, 이는 뇌가 신경전달물질과 호르몬을 분비해 대응할지 도망칠지 준비하라고 몸에 경고하는 것이다. 호르몬 분비는 근육을 긴장시키는 데 영향을 끼친다. 만성 스트레스로 고통받는 사람들이 통증, 근육 경직, 긴장성 두통을 경험하는 이유다. 특히 사회불안장애를 앓는 사람은 스트레스 때문에 근육이 긴장되기 쉬운데, 평소 인지하지 못할 수도 있다.

기억하자. 몸과 정신은 하나다. 생각 과잉에 빠지면 뇌의 전기화학적 활동이 왕성해지고 이내 몸속 전달자 역할을 하는 호르몬을 통해 생물학적 현상으로 나타난다. 그래서 몸이 긴장하고 경직하는 것이다.

스스로 생각이 너무 많다는 것을 알아차렸다면 실제 신체 조직과 기관에는 어떤 식으로 반영되는지 알고 있는가? 소화기 계통에 미치는 영향은? **스트레스를 받으면 우리 몸 전체가 반응한다.** 스트레스는 단순히 머릿속에서만 일어나는 일이 아니다. 생각이 너무 많은 사람들은 몸과의 연결이 약간 끊어진 상태라고 볼 수 있기 때문에 만성 어깨 통증과 이갈이, 혹은 불안이 모두 같은 문제라는 것을 알아차리지 못할 수 있다. 뇌가 긴장하면 몸의 근육도 긴장하기 마련이다.

2017년 학술지 《만성 스트레스Chronic Stress》에 발표된 논문 〈만성 통증과 만성 스트레스: 동전의 양면일까?Chronic pain and chronic stress: two sides of the same coin?〉의 연구에서는 더욱 흥미로운 점을 지적한다. 연구에 따르면 근육통과 만성 스트레스 모두 원인이 같다. 부정적인 생각, 감정, 기억을 조절하지 못해 전반적인 평형 상태가 깨져서 발생한다. 좀 더 자세히 살펴보면 외상 후 스트레스 장애, 우울증, 지속적인 근육통은 개별적인 증상이지만 원인은 모두 HPA 축이 관여하는 더 넓은 범위의 질환이다. 스트레스 때문에 근육이 긴장해 통증이 생길 수 있지만, 스트레스가 통증에 대한 주관적 인식을 방해할 수도 있다.

이때 점진적 근육 이완법으로 긴장과 조절 장애를 모두 완화할 수 있다. 점진적 근육 이완법은 근육의 긴장을 완화하는 것 이외에 다른 효과도 있다. 소화 기관이 더 건강해지고(정신적 긴장과 소화 기관 근육 경련 사이에는 강한 연관성이 있다) 혈압이 낮아진다. 또한 근육을 의도적으로 조절해 풀어줌으로써, 근육 이완 감각을 더 잘 인식할 수 있으며 근육 조절 능력도 향상할 수 있다. 의사들이 오랫동안 관찰한 바에 따르면, 대체로 근육은 강하게 조였다가 풀어주면 긴장이 풀리고 조이기 전보다 더 잘 이완된다. 언뜻 납득이 안 될 수도 있지만, 이미 스트레스받은 근육을 단순히 이완하려고만 하지 말고 먼저 강하게 근육을 긴장시켜보자. 그러면 더 깊게 이완할 수 있다.

정신의학 의사이자 생리학자인 에드먼드 제이컵슨Edmund Jacobson이 1930년대 제안한 바에 따르면, 신체적으로 이완되면 정신적으로도 이완될 수밖에 없다. 제이컵슨은 매일 10~20분 정도 근육 이완 훈련을 하면 좋다고 했다. 이 훈련은 명상 중, 혹은 운동의 시작이나 끝에 쉽게 추가할 수 있다. 또는 매일 저녁 잠자리에 들기 전에 긴장을 풀기 위해서 할 수도 있는데 시각화, 스트레스 일기 쓰기, 약간의 독서, 기도나 음악 감상과 함께 할 수도 있다.

훈련 방법은 간단하다.

• 편안한 자세로 가급적 눈을 감은 채 한 신체 부위에서 다른

신체 부위로 옮겨가며 집중한다. 먼저 근육에 힘을 주어 최대한 팽팽하게 조인 다음, 잠시 후 긴장을 완전히 풀고 다음 신체 부위로 이동한다.

- 손가락과 발가락처럼 심장에서 가장 먼 신체 부위에서 시작해 심장과 가까운 쪽으로 옮겨가며 배와 가슴으로 향한다. 마지막으로 얼굴과 두피의 소근육에 집중한다. 머리에서 시작해 아래로 내려갈 수도 있다. 이 중 더 잘 맞는 쪽을 선택하자.

- 숨을 들이마시며 5나 10을 셀 때까지 근육을 최대한 강하게 수축한다. 한꺼번에 숨을 완전히 내쉰다. 근육에 느껴지는 감각에 차이가 있는지 살펴보자. 약간의 유도 심상이 도움이 될 수 있다. 스펀지를 쥐어짜듯 근육에서 긴장을 짜내는 장면을 상상하자.

- 몇 차례 심호흡하고 스트레칭하는 것으로 마무리한다. 이때 어떤 느낌이 드는지 살펴보자. 이 훈련은 신체 긴장을 풀어줄 뿐만 아니라 몸을 인식하는 능력을 향상해 몸의 어느 부분에 스트레스가 쌓이고 있는지 더 세심하게 주의를 기울일 수 있다. 시간이 지남에 따라 자신의 몸을 더 세밀하게 '읽어낼' 수 있어 건강에 대한 감각이 전반적으로 예민해진다.

근육을 긴장시킬 때는 신체 부위마다 방식을 달리해야 한다. 이두박근, 팔 위쪽, 손, 허벅지 같은 부위는 꽉 힘을 주어서 긴장시킨다. 어깨를 긴장시킬 때는 귀에 붙도록 바짝 올린다. 이마는 주름이 깊이 파이도록 인상을 쓰고 눈은 꼭 감는다. 다음으로 턱과 얼굴 근육을 긴장시키려면 최대한 활짝 웃어야 한다. 배는 힘껏 안으로 집어넣고 등은 최대한 구부려야 한다. 기억해야 할 것이 많아 보일 수도 있지만 몇 번 연습하면 직감적으로 움직이고자 하는 신체의 근육을 긴장시킬 것이다.

점진적 근육 이완법을 규칙적으로 훈련하면 불안 수준을 낮추는 것 이외에도 이점이 많다. 수면의 질이 높아지고 목과 허리 통증이 완화되며 편두통 발생 빈도가 줄고 이 밖에 자잘한 건강 문제 예방에도 도움이 된다.

자율 이완 훈련, 시각화, 점진적 근육 이완법은 모두 형태만 조금씩 다를 뿐 핵심은 같다. 우선 의식적으로 인식을 통제하는 연습이다. 몸, 현재 순간, 오감에서 오는 입력값(외부 자극)에 집중하도록 유도함으로써, 스트레스를 유발하는 반추와 생각 과잉에서 벗어나는 법을 배우는 것이다. 훈련을 통해 생각뿐만 아니라 감정과 신체까지 자신이 통제하고 있다는 사실을 서서히 알게 되면, 정신과 정서를 능숙하게 다룰 수 있다.

휘몰아치는 불안 차단하기: 걱정 미루기

소용돌이치는 불안과 걱정에 제동을 걸 마지막 방법은 '걱정 미루기'다. 굳이 불안에 시달리지 않도록 도움받을 수 있는 걱정 미루기는 훌륭한 만능 스트레스 관리법이다. 스트레스 '예산'을 짠다고 접근하면 간단하다.

걱정을 완전히 없앨 필요는 없고 지금 당장 걱정하지 않기로 자신과 합의하면 된다는 개념을 뒷받침하는 연구가 있다. 레이던대학교University of Leiden의 앙커 페르슬라위스Anke Versluis 가 실시한 무작위 실험은 사람들이 대개 '주관적인 판단'만으로 건강에 문제가 있다고 생각한다는 데에 초점을 맞췄다. 하지만 이 실험은 불안과 반추를 측정하는 여러 방법에도 적용될 수 있다. 연구 결과에 따르면 걱정 미루기는 자신과 괴로운 생각 사이에 객관적 거리를 두는 효과적인 방법이자, 메타 인지를 연습해 불안과 생각 과잉을 전반적으로 낮출 좋은 수단이다.

다시 말하지만, 스트레스를 유발하는 생각을 불안 때문에 밀어내거나 회피하거나 이에 맞서 싸우는 것과 그 생각을 차분히 통제하고 정면으로 인식하는 것은 다르다.

불안과 걱정은 쉽게 떨쳐낼 수 없고 침투하는 특성이 있다.

일단 위협적이거나 부정적인 생각이 떠오르면 그 생각을 바꾸거나 외면하기는 어렵다. 그런 상황에서는 뇌가 '아, 내가 정말 집중해야 할 게 여기 있군!'이라고 생각하기 때문에 빠르게 주의가 산만해지고 집중력이 현재 순간에서 멀어진다.

사실상 내가 걱정을 통제하는 것이 아니라 걱정이 나를 통제하는 셈이다. 스트레스를 주는 생각이 채찍을 휘두르면 우리는 즉시 복종하고 만다. 여기에서 우리가 저지르는 실수는 부정적인 생각이 떠오르면 거기에 집중하는 것 말고 다른 선택지가 없다고 생각하는 것이다. 뇌는 부정적인 쪽으로 편향되어 있고 정보를 처리하는 소프트웨어는 나쁜 소식을 부풀리도록 진화했다는 사실을 기억하자. 그렇기에 위협적이고 무서운 것이 언제나 우선이다.

만약 '내 앞에 있는 호랑이가 나를 잡아먹지 않을까' 하고 걱정되는 상황이라면 당연히 그 걱정을 우선시해야 한다. 하지만 우리가 하는 걱정 대부분은 '제니가 내 발표를 보고 형편없다고 생각하면 어쩌지'라거나 '개인정보를 훔치는 범죄자들이 쓰레기통을 뒤져서 내가 우연히 버린 일기장을 발견하면? 그래서 FBI의 모든 사람이 내 끔찍한 비밀을 알게 되면 어쩌지'와 같은 것들이다. 다시 말해 우리는 정말이지 가장 쓸데없는 생각을 제일 먼저 한다.

걱정 미루기는 걱정을 완전히 없애라는 말이 아니다. (불안하지 않은 사람에게도 걱정은 있다.) 그냥 걱정을 적당한 자리에 놔두라는 말이다. 이렇게 하는 즉시 걱정은 통제할 수 있는 상태에 놓인다. 불안한 생각이 떠오를 때마다 곧바로 주의를 기울이지 말고, 먼발치에 있는 그 생각이 나를 기다리게끔 만들어야 한다. 의식적 인식의 방향을 결정하는 사람은 바로 나 자신이다. 정신과 주의를 산만하게 하거나 집중을 방해하는 그 어떤 것도 허용해서는 안 된다.

걱정 미루기는 말 그대로 의도적인 선택을 통해 걱정을 다음으로 미루는 것이다. 이것은 걱정하지 않겠다고 말하는 것과 다르다. 그렇다 한들 걱정할 것이기 때문이다. 걱정 미루기는 걱정을 통제하고 관리해 걱정이 삶에 어느 정도로 영향을 미치기를 원하는지 능동적으로 결정하는 일이다. 그 순간에는 걱정이 너무 급하고 중요해 보일 수 있다. 타협할 수 없이 이런 생각과 감정에 온 신경을 몽땅 쏟아부어야 할 것만 같을 수 있다. 하지만 사실 우리에게는 선택권이 있다.

일부 연구에 따르면 실제로 불안을 유발하는 것은 걱정 그 자체가 아니라 걱정에 대한 부정적 인식이다. 《실험 심리학 학술지The Journal of Experimental Psychology》 2010년 판에서 에이드리언 웰스Adrian Wells는 〈걱정과 범불안장애에 대한 메타인지 이론과 치료Metacognitive Theory and Therapy for Worry and Generalized Anxiety Disorder〉를 통해 메타 걱정(걱정에 대한 걱정), 즉 일반적인 걱정에 대한 부정적인 평가가 실제 어떤 식으로 범불안장애를 악화하는지 설명한다. 따라서 스스로 걱정을 병적인 것으로 판단하고 이에 저항하면 오히려 걱정이 단단히 자리 잡아 실제보다 더 큰 문제가 된다. 걱정 미루기는 '이건 별게 아니야. 걱정하고 싶은 만큼 걱정해도 돼. 단, 지금은 하지 말자'라는 방식으로 문제를 해결하는 것이다. 이렇게 하는 것만으로도 걱정과 메타 걱정을 모두 해결하는 효과를 볼 수 있다.

걱정 미루기에는 몇 가지 방법이 있는데, 모두 걱정에 의도적이고 의식적인 한계를 설정하는 식이다. 걱정을 둘러싸는 낮은 울타리를 치는 셈이다.

한 가지 방법은 걱정하는 시간을 따로 정하는 것이다. 예를 들어 밤에 잠자리에 누워서 자려고 하는데 갑자기 머릿속에 걱정 스위치가 켜져서 온갖 것을 생각하며 마음을 졸인다고 해보자. 그때 자신에게 이렇게 말하는 것이다. "괜찮아. 걱정해도 돼. 어차피 걱정할 거잖아. 하지만 지금은 하지 말자. 나중에 이 문제를 걱정할 시간을 따로 정해야겠어. 음, 내일 아침 10시가 좋겠군. 그전까지는 단 1초도 이 문제를 생각하지 않을 거야."

그런 다음엔 어떻게 해야 할까? 그대로 실천하면 될 일이다. 매우 중요하고 생사를 가를 것만 같은 걱정에 사로잡히더라도 괜찮다고, 지금 말고 나중에 걱정하자고 자신 있게 말하자. 대부분의 걱정은 시간에 민감하지 않고 기다릴 수 있다. 아침에도 계속 걱정하고 싶다면 더 상쾌한 기분으로 뇌를 온전히 동원해서 걱정에 집중할 수 있다. 걱정이 떠오른 밤에는 해야 할 일은 이미 다 했다고, 걱정은 이미 할 일 목록에서 지웠다고, 당장 할 일은 아무것도 없다고 자신에게 말하자. 그리고 그냥 잠자리에 들자.

걱정하는 시간을 제한할 수도 있다. 이 경우 자려고 누웠다가 일어나 앉아서 이렇게 말한다. "좋아. 걱정하고 싶은 거지? 걱정하도록 해. 하지만 5분 동안만 하는 거야. 그러고 나서 자자." 그런 다음 타이머를 설정하고 마음을 다해 걱정한 다음 멈춘다. 이 두 가지 기법을 연습하면 몇 가지를 알게 된다.

우선 걱정하기를 미루면 나중에는 그 걱정을 하고 싶지 않은 경우가 많다는 사실이다. 그다음으로 걱정하기를 어느 정도 허락하더라도 걱정하기 전과 후의 불안 수준이 완전히 똑같은 경우가 많다는 사실이다. 이는 곧 걱정해봤자 전혀 도움이 되지 않는다는 뜻이다. 걱정 시간을 따로 정하든 걱정하는 시간을 제한하든 걱정이 자신에게 미치는 영향을 제한하고 관리할 수 있다. 이뿐만 아니라 그 과정에서 자신에게 선택권이 있다는 사실을 알게 되고 산만하거나 방해가 되는 생각에 휘둘리지 않는 법을 배울 수 있다.

이 기법을 훈련하려면 준비와 연습이 필요하다. 매일 의도적으로 걱정하는 시간을 정해보자. 방해받지 않는 시간을 고르되 정신적으로 가장 편안한 때여야 한다. 이런 식으로 조금씩 실험하며 두려워하지 말고 몇 가지를 시도해 자신에게 맞는 방법을 찾아보자.

이쯤에서 이렇게 생각할지도 모르겠다. '듣기에는 좋은 방법인 것 같지만, 정말 걱정해야 할 일이라면 어쩌지? 이번에는 심각한 일이라면?' 걱정은 창의적이고 새로운 방식으로 나타나 우리의 관심을 사로잡는다. 그리고 이번만큼은 스트레스받지 않고 넘어가면 정말 큰 재앙이 닥칠 것이라고 스스로 확신하게 되는 것이 걱정의 본질이다.

자, 때로는 걱정과 두려움과 반추가 실제로 매우 중요하기 때문에 즉시 주의를 기울여야 한다고 가정해보자. 이때 필요한 것은 정말 그런 상황과 단순한 생각 과잉을 구별하는 방법이다. 우리는 스스로 두 가지 질문을 해볼 수 있다.

• 이 걱정거리가 정말 문제인가?

• 그렇다면 지금 당장 내가 무언가를 할 수 있는가?

솔직하게 대답해야 한다. 객관적으로 봐도 상황이 중대할 뿐만 아니라 당장 내가 무언가를 할 수 있다면 바로 손대야 할 문제다. 예를 들어 나를 지독하게 괴롭히는 긴급한 일이 있다고 해보자. 진짜 걱정할 만한 문제이기는 하지만 밤늦은 시간이고 통화해야 하는 사람이 아침까지 연락이 닿지 않는 상황이다. 즉, 문제는 진짜지만 당장 할 수 있는 일이 아무것도 없다. 그렇다면 자녀에게 열이 있지만 다른 증상은 없고, 아이를 데리고 급히 응급실에 가서 진료받을 수 있는 상황이라고 해보자. 이것은 조치를 할 수는 있지만 진짜 문제는 아니다. 마지막으로, 얼마 전 다녀간 고객이 안 좋은 후기를 남길까 봐 걱정되는 상황이라고 해보자. 현실적으로 볼 때 이 또한 심각한 문제가 아니다. (나쁜 후기 한 개 때문에 실패한 사업은 없다.) 게다가 지금 당장 할 수 있는 조치도 없다.

그런데 문제가 심각하고 지금 당장 할 수 있는 일이 있다면? 망설이지 말고 하면 된다.

하지만 행동을 해야지 걱정을 앞세워야 하는 상황은 아니다. 특히 적절한 조치를 해야 하는 현실에서 걱정과 생각 과잉은 쓸모가 없다. 이런 상황에서는 정신이 차분하고 맑아야 빠르게 해결책을 찾는 데 도움이 되기 때문에 걱정을 더욱 줄여야 한다. 불안이 정말 심각해서 그 순간에 합리적인 행동을 할수 없다면 문제 해결을 연기해야 한다. 아침에 전화하거나 나중에 해결하거나 그냥 당분간은 내버려두자.

일단 걱정할 가치가 없는 일이라고 판단하고 나면 단호하게 잘라내야 한다. 내 마음을 목줄 채운 개라고 상상한 다음 현재를 향해 줄을 계속 당겨보자. 오감을 동원하면 현재 순간에 쉽게 집중할 수 있다. 주위를 살피며 보이는 것, 들리는 것, 냄새나는 것 등을 세 가지씩 찾아보자.

걱정하기로 한 시간이 되면 그 걱정의 급한 정도가 줄어들지는 않았는지 살펴보아야 한다. 한때 급해 보였던 일이라도 다시 보면 그렇지 않을 수 있다는 사실을 떠올리자. 걱정과 불안을 새로운 눈으로 보아야 한다. 문제 해결에 돌입해 도움이 되는 조치를 따르면 불안이 줄어드는지 확인해보자. 때로 걱정에 취할 수 있는 최선의 대책은 그 걱정을 현실 세계로 끌고와 현실적인 문제로 만든 다음 해결하는 것이다.

요점 정리

☐   불안이 극에 달했거나 통제 불능 상태라고 느낄 때가 있다. 이 경

우, 이미 검증된 몇 가지 기법을 활용해 스트레스 수준을 낮출 수 있다.

□ 첫 번째는 자율 이완 훈련이다. 이 훈련의 목표는 여섯 가지를 연습해 생각과 감정을 통제하는 것이다. 먼저, 편안한 장소에 앉거나 눕는다. 그런 다음 "나는 완전히 평온하다"라는 말을 되뇌며 규칙적으로 천천히 호흡한다. 사이사이에 같은 말을 반복하면서 다양한 신체 부위의 감각을 느낀다. 이 훈련은 능숙해지기까지 시간이 걸리지만 간단하고 언제 어디에서나 할 수 있다.

□ 두 번째는 유도 심상이다. 편안한 자세를 취하고 후각과 청각을 비롯해 다양한 감각을 기분 좋게 자극하는 장소를 떠올리는 것이 핵심이다. 몸과 마음이 편안해지는 곳이라면 어디든 좋다. 상상력을 최대한 발휘해 되도록 자세히 떠올려야 한다.

□ 세 번째는 점진적 근육 이완이다. 이 기법은 몸이 이완하면 정신도 이완한다는 이론을 바탕으로 한다. 그렇기에 먼저 근육을 긴장시켰다가 이완하는 것이 훈련의 목표다. 이번에도 마찬가지로 편안한 자세로 앉아서 머리부터 발끝까지 또는 그 반대 순서로 여러 신체 부위를 옮겨 다니며 근육의 긴장과 이완을 반복한다.

□ 마지막은 걱정 미루기로 휘몰아치는 불안을 차단하는 데 매우 직접적이고 효과적이다. 불안이 시작된 듯한 느낌이 들 때 당장 걱정하지 말고 나중에 걱정하도록 미래의 어느 시간을 따로 정해놓

은 다음, 현재에 집중하려고 계속 노력한다. 삶에서 걱정을 없애

는 일은 불가능하지만 걱정하는 때와 걱정이 지속되는 시간은 의

식적으로 제한할 수 있다.

5장

×

생각의 기술

결코 스스로 불안에 빠지지 않을 것

지금까지 우리는 내면에서 비롯된 생각 과잉을 이해하고 고칠 수 있는 기반을 마련했다. 제대로 된 스트레스 관리, 정신 모형과 태도 다스리기, 삶에 여유 더하기, 주도적 시간 활용은 모두 불안에서 비롯된 생각 과잉에 확실히 대처하는 방법이다. 이번 장에서는 생각 자체를 알아보자.

정신, 신체, 감정은 모두 연결되어 서로 영향을 주고받는다. 하지만 불안에는 정신이 가장 중요한 역할을 한다는 것을 알아차렸을 것이다. 경험에 크게 영향을 미치는 것은 사고방식, 정신 구조, 세상에 대한 인지적 해석이다. 인지행동치료는 이러한 이해를 바탕으로, 세상에 대한 인식의 근원에 도달하고 사람들이 자신에게 더 도움이 되는 적응적 사고를 하도록 돕는다.

조지프 카펜터Joseph K. Carpenter 연구진이 발표한 대규모 메타 분석에 따르면,[*] 인지행동치료는 전반적으로 불안을 완화하는 경향이 있다(물론 치료 대상이 되는 불안의 유형에 따라 결과는 달라질 수 있다). 또 다른 논문에 따르면, 불안을 경험한 참가자 중 74퍼센트라는 높은 비율이 인지행동치료를 받은 뒤에 회복했다.[**] 하지만 나머지 26퍼센트는 어떻게 되었을까?

책의 후반부에서 생각 과잉 문제의 이러한 면을 다루는 데는 이유가 있다. 앞에서 다룬 개념을 제대로 이해하지 못하면 인지행동치료가 전혀 도움 되지 않기 때문이다. 이것을 잘 모르는 사람들이 많다. 사람들은 생각 과잉이 문제라는 것을 깨닫고 나면 정신적, 인지적 차원에서만 이 문제를 해결하려고 한다. 카페인 과다 섭취, 바쁜 생활 방식, 해결되지 않은 과거

---

[*] Joseph, K. C., Leigh, A. A., Sara, M. W., Mark, B. P., Jasper, J. S., and Stefan, G. H., "Cognitive behavioral therapy for anxiety and related disorders: A meta-analysis of randomized placebo-controlled trials", *Depression and Anxiety*, Vol 35, No 6 (2018), pp.502-14.

[**] Colette, R. H., Sarah, B., Nick, G., Sheena, L., and Sheena, L., "Approaching Cognitive Behavior Therapy For Generalized Anxiety Disorder From A Cognitive Process Perspective", *Frontiers in Psychiatry*, Vol 10 (2019).

의 트라우마, 만성 수면 부족 같은 요인을 외면한다. 이런 상황이라면 아무리 좋은 의도로 인지행동치료를 시작하더라도 어려운 상황에 부딪히거나 과거의 좋지 않은 생각 패턴에 휘말리면서 급격히 무너지고 만다.

생각은 뇌의 전기화학적 작용에서 비롯한다. 그리고 뇌는 신체의 기관이자 일부다. 따라서 '더 높은 곳'에 있는 뇌에 개입해 머리에서만 생각 과잉을 고치려 하면 안 된다. 생각이 생물학적 작용의 표현임을 인식하고 이 영역에도 개입해 조화를 이루어야 한다. 다시 말해, 생각 과잉이라는 퍼즐의 여러 가지 면을 고려하지 않고 생각이라는 관점에서만 바라보면 효과가 없다.

물론 그렇다고 해도 거의 모든 생각 과잉의 이면에는 부정적 사고방식이 있다. **대개 머릿속에서 질주하는 생각의 양이 아니라 질이 문제다.** 어쨌든 지각이 뛰어나고 생각이 많지만 생각 과잉으로 괴로워하지 않는 사람들도 많지 않은가! 인지행동치료를 받으면 왜곡된 생각의 근원에 이를 수 있으며 더 나은 생각, 즉 더 침착하게 통제감을 가지고 세상을 살아가도록 도움을 주는 생각을 하게 된다. 약물을 사용하지 않고 말이다.

비록 심리학자는 아니지만 건축가이자 작가인 버크민스터

풀러Buckminster Fuller는 "기존 현실과 싸워서는 아무것도 바꾸지 못합니다. 무언가를 바꾸려면 기존 모형을 더 이상 쓸모없게 만드는 새로운 모형을 만들어야 합니다"라고 말하며, 인지행동치료의 원리에 대한 그만의 이해를 드러냈다. 반추와 생각 과잉에 빠진 사람은 현실을 바꾸려고 애쓰지만(또는 현실을 바꾸는 것에 대해 걱정하지만), 인지행동치료를 받으면 모형 그 자체, 즉 우리가 인식하는 방식을 바꾸게 된다.

인지행동치료는 공황장애, 강박장애, 범불안장애와 같은 불안 장애의 치료법이지만, 일상적인 스트레스에 대처하기 위해, 특히 자신의 생각에서 비롯된 스트레스에 대처하기 위해서도 활용할 수 있다.

인지행동치료의 기본 전제는 (외부 세계가 아니라) 내 생각이 세상을 보는 방식과 행동에 영향을 미친다는 것이다. 생각은 감정을 만들고 이는 우리의 인식을 형성해 자신에 대한 믿음과 행동 방식을 변화시킨다. 따라서 생각을 바꾸면 다른 모든 것이 따라온다. 예를 들어 생각 과잉의 근원에 '실패는 무엇이든 견딜 수 없고 실패하면 나는 나쁜 사람이다'라는 생각이 깔려 있다고 하자. 이는 곧 실패하면 기분이 굉장히 나빠져서 다시는 실패라는 위험을 감수하지 않도록 행동을 바꿀 수 있다는 뜻이다. 하지만 '실패는 누구나 하는 거야. 실패한다고 세상

생각 중독

이 끝나는 건 아니야'라고 생각을 바꾸면, 실패했을 때 약간 실망할 수는 있겠지만 다시 마음을 다잡고 계속 나아갈 수 있다.

더 바람직한 생각은 '실패는 더 많이 배우고 강해질 소중한 기회야'라고 생각하는 것이다. 이 경우에는 실패하더라도 힘이 생기고 자극을 받으며 다음에 더 열심히 노력하게 된다. 똑같이 실패를 겪더라도 그 이면에 깔린 생각이 달라지면 그에 따른 감정과 행동도 달라지기 마련이다. 따라서 이런 생각, 신념, 기대의 근원을 파악하고 자기가 실제로 원하는 감정과 행동으로 이어지는지 스스로 물어보는 것은 가치 있는 일이다.

다음 내용에서는 자신에게 도움이 되지 않는 생각을 **파악해 따져본** 다음 자신에게 더 도움이 되고 목표에 부합하는 방향으로 생각을 **재구성하거나 대체하는** 방법을 살펴볼 것이다. 이 과정을 익히면 본질적으로 불안을 깊이 있게 이해할 뿐만 아니라, 두려움이 자신을 통제하도록 내버려두지 않고 두려움에 맞설 수 있다. 우리의 놀라운 인지 능력을 더 적절하게 사용하는 법을 배우는 것이라고 생각할 수 있겠다. 즉, 불안 때문에 생각 과잉의 굴레에 갇히는 것이 아니라 분석력, 의식적 사고, 집중력을 발휘해 내게 도움이 되지 않는 삶의 일부를 적극적으로 개선하는 것이다.

우리는 서로 다른 세상을 본다

인지 왜곡이라고 불리는 해로운 생각과 신념을 파악하는 과정에서 시작하자. 세상에 대한 '내' 생각은 얼마나 정확할까? 지금껏 한 번도 생각해본 적 없을 수도 있다. 우리 눈에는 현실을 여과하는 필터가 보이지 않지만 실재한다. 모두 자신만의 기대, 신념, 가치, 태도, 편견, 가정, 허상을 통해 세상을 바라본다. 생각이 너무 많은 사람의 큰 문제는 자신의 생각을 사실이라고 믿는 경향이다! 자신의 평가, 가정, 기대를 있는 그대로 받아들이고 그것이 불변의 진리인 양 행동하며 세상을 바라볼 때 자기만의 해석을 자연스레 덧붙인다. '나'에게 가장 흔한 인지 왜곡은 무엇인가?

자신의 생각과 신념이 다음과 같은 일반적인 인지 왜곡 유형 중 어디에 해당하는지 확인해보자.

흑백논리 사고는 모든 것을 너무 단순하게 양극단으로 생각하는 것이다. 누군가가 완전히 틀렸거나 옳다고 생각할 뿐, 그 사이의 중간 지대는 없다. 이것은 투쟁-도피 반응에서 비롯된 감정 상태로, '절대 아니다, 항상, 완전히, 틀림없이'처럼 단정적인 말로 표현할 수 있다. 이런 식으로 생각하면 타협이 쉽지 않고 창의력이 떨어지며 상황의 미묘한 차이를 알아차리지 못한다. 무력감과 우울감을 느끼고, 융통성이 없는 것과도 관련된다. 예를 들어 "우리 편이 아니면 모두 적이다"라고 말하는 정치인이나 '이걸 바로잡지 않으면 모든 게 영원히 망가질 거야'라고 생각하는 사람은 모두 흑백논리로 생각하는 것이다.

지나친 일반화는 아주 적은 데이터를 바탕으로 모든 것을 아우르는 포괄적인 진술을 하는 것으로, 흑백논리와도 관련이 있다. 예를 들어 단 한 명의 남자를 상대로 겪은 일을 두고 "남자들은 다 그래"라고 하거나 딱 한 번 있었던 일을 바탕으로 "늘 이런 식이지"라고 말하는 경우다. 짐작하듯이 이런 사고방식은 상황을 위험하게 만들 확률과 불안을 높이고 완벽주의적 성향을 더욱 뚜렷하게 한다. 여러 연구자들이 사회 불안을 겪는 사람들에게서 예측했던 인지 왜곡 패턴이 실제로 나타났음을 연구를 통해 발견했다.* 이 중 가장 두드러진 패턴은 지나친 일반화였다.

개인화는 사회 활동에 부적응적 평가를 하는 성향의 사람들, 즉 불안이 높은 사람들에게 흔히 나타나는 인지 왜곡이다.

---

* Kuru, E., Safak, Y., Özdemir, İ., Tulacı, R. G., Özdel, K., Özkula, N. G., and Örsel, S. "Cognitive distortions in patients with social anxiety disorder: Comparison of a clinical group and healthy controls", *The European Journal of Psychiatry*, Vol 32, No 2 (2018), pp.97-104.

개인화를 하는 사람들은 상황을 '개인적으로' 받아들인다. 그래서 통제할 수 없는 현실 속 상황이 자기 책임이라고 생각하거나, 무작위로 발생하는 사건과 나 자신 사이에 의미 있는 연관성이 있다고 생각한다.

예를 들어, 술집에서 어떤 사람과 부딪쳤는데 그 사람이 내 옷에 술을 쏟았다고 해보자. 개인화하는 사람은 그 사람이 내게 앙심을 품었기 때문에 다른 누구도 아닌 내게 술을 쏟았다고 생각한다. 친한 친구가 기분이 몹시 안 좋은 것을 보고 아무 근거 없이 나 때문이라고 생각할 수도 있고, 자녀가 학교생활을 잘 못하는 것을 두고 자신이 나쁜 부모라서 일어난 일이라고 생각할 수도 있다. 당연히 이러한 왜곡이 있으면 아무것도 아닌 일로 불안해하고 걱정한다!

내면화와 외면화 또한 일반적인 인지 왜곡 유형이다. 이들은 외부에서 발생한 사건을 어떤 식으로 설명할까? '내면화'하는 사람은 사건의 원인이 자신이라고 단단한 오해를 쌓는다. 예를 들면 '내가 방을 깨끗하게 치우지 않아서 엄마와 아빠가 이혼하는 거야'라는 식이다. 그 결과 자책하고 자존감이 낮아진다. 이때의 생각 과잉은 자기 비판적 성격을 띨 수 있다.

내면화의 반대쪽에 있는 '외면화'를 하는 사람은 응당 자신을 탓해야 하는 상황에서 다른 사람을 비난한다. "내가 한 말에 그 여자가 화를 낸 건 내 잘못이 아니야. 그 사람이 너무 예민해서 그래"라는 식이다. 이 두 가지 왜곡 모두 주도적으로 판단하고 행동하는 능력을 없애고 무력감을 유발한다.

부정적인 것을 선호하고 긍정적인 것을 외면하는 사고는 흔히 찾아볼 수 있다. 이 경우 100개의 시험 중 1개에서 떨어지면 나머지 99개는 외면한 채 "실패했다"라고 말하며 성공은 운이 좋아서 생긴 요행이라고 여긴다. 반면 진짜 사고가 발생하면 자신이 나쁜 사람이거나 나쁜 일은 언제나 일어난다는 증거라고 여긴다. 이러한 편견에는 모든 상황은 언제나 나쁘기 때문에 좋은 점은 찾아볼 수 없을 것이라는 신념이 담겨 있다.

감정적 추론은 어떤 일에 대해 내가 느낀 특정한 감정이 반드시 진실에 부합한다고 추측하는 것이다. 다시 말해, "그건 틀림없이 사실이야. 내 느낌이 그래"라는 식이다. 직장에서 업무 성과 평가를 앞두고 있는데 결과가 그다지 좋지 않을 것만 같은 느낌이 든다고 해보자. 감정적으로 추론하는 사람은 실제로 평가 결과가 어떻게 나올지 모르는데도 자신의 의심을 진실로 받아들인다. 또한 결과가 안 좋아서 문제가 생길 것이라고 확신한다. 이렇게 되면 진실을 알기도 전에 자존감이 낮아진다.

지금까지 설명한 것들은 매우 일반적인 인지 왜곡으로, 이

밖에도 다양한 유형이 있다. 파국화("최악의 일밖에 일어날 수 없는 상황이야!"), 마술적 사고("밖에 까마귀가 있는 걸 보니 오늘 외출하지 말라는 신호인가 봐"), 독심술("그 사람은 날 싫어해. 그냥 알 수 있어"), 예언적 사고("불길한 일이 일어날 거야. 내가 알아"), 뒤떨어진 사고(박사학위를 두 개나 받았지만 아무것도 모르는 다섯 살짜리처럼 행동하는 사람)를 들 수 있다.

우리 대부분은 동시에 여러 형태의 인지 왜곡을 경험한다. 예를 들어 배우자의 외도를 걱정하는 사람이 있다고 하자. 그 사람은 실제로 배우자가 바람피우고 있다고 추측하고(감정적 추론) 그게 다 자신이 부족해서라고 생각할(내면화) 수 있다. 이러한 인지 왜곡은 파국화나 예언적 사고로 이어져 배우자와 헤어지고 혼자가 되는 결과를 지나치게 많이 생각한다. 이러한 인지 왜곡에서 빠져나오는 요령은 그 순간에 자신이 어떤 생각을 하고 있는지 알아차리는 것이다. 강하고 감정적인 언어 또는 '반드시'나 '해야만 한다'와 같은 말을 쓰는지, 근거 없는 가정을 하지는 않는지, 다시 생각해보면 꼭 그렇지 않은 일을 스스로 해명하거나 정당화하려고 하지 않는지 살펴보자. 이제 실생활에서 이러한 인지 왜곡을 감지하는 방법을 알아보자.

선행 사건, 행동, 결과 모델(ABC 모델)

1970년대 에드워드 카Edward Carr 연구진은 문제 행동 중 다수가 일련의 선행 사건 및 그에 따른 결과와 논리적으로 연관되어 있다는 사실을 알아냈다. 연구진은 응용 행동 분석에 초점을 맞추었지만, 이후에 이 모델은 개인의 행동이 변화하는 과정을 파악하는 데 활용되었다. 이 책에서 논의하는 문제 행동은 생각 과잉, 반추, 걱정이다. 아래 모델을 통해 특정 사고 과정에서 비롯된 행동의 전(선행 사건)과 후(결과)를 자세히 살펴보면 자신의 인지 왜곡을 이해하고 파악할 수 있다. ABC 모델Antecedent Behavior Consequence Model은 주로 겉으로 드러나는 행동에 초점을 맞추지만, 지금까지 살펴보았듯이 행동은 생각과 신념에서 비롯된다.

선행 사건Antecedent은 어떤 행동을 촉발하는 요인이다. 해변에 갈 때마다 아이스크림을 먹는다든지, 배우자나 애인이 늦을 때마다 화를 내고 말을 하지 않는 것을 예로 들 수 있다. 선행 사건은 사람, 말, 환경, 감정, 상황, 하루 중 특정한 시간일 수 있고 이 중 몇 가지가 결합해 나타날 수도 있다.

행동Behavior은 촉발 요인으로 인한 행위로 도움이 될 수도 있고 그렇지 않을 수도 있다. 직장에서 스트레스받을 때마다 술에 손을 대서 알코올 중독에 이르렀다면, 이것은 분명 도움이 되지 않는 행위다. 적응도를 개선하고 문제에 대처하는 데 도움이 되는 행위도 있지만, 생산성을 떨어뜨리고 기분을 나쁘게 하고 심지어 위험에 빠뜨리기까지 하는 행위도 있다.

결과Consequence는 행동으로 인한 산출물로 좋거나 나쁠 수 있다. 어떤 행동은 상황을 개선하거나 기분을 좋게 한다. 하지만 건강에 해롭고 도움이 되지 않는 행동도 있다. 일반적으로 우리는 결과를 보고 그 행동의 좋고 나쁨을 판단한다.

세 가지의 개요를 이해할 때 중요한 점은 이들이 실제로 서로 연결되어 있다는 것이다. 때로 우리는 생각이 행동에 어떤 영향을 미치는지, 그리고 이 행동이 삶에 구체적으로 어떤 영향을 미치는지 보지 못한다. 또한, 애당초 행동을 유발한 요인이 무엇인지 알지 못한다. 하지만 일단 촉발 요인을 파악하고 나면 행동 자체에 직접 개입하기보다는 그 요인을 피하거나 바꾸는 방법을 택할 수 있다.

잠시 시간을 내서 특정 행동의 원인과 결과를 살펴보자. 그리고 왜 그렇게 행동했는지, 그 행동이 내가 원하는 결과로 이어졌는지 통찰해보자. 처음에는 과학자처럼 자기 행동에 대한 데이터를 수집하고 패턴을 찾아야 할 수도 있다. 다음과 같이 네 개의 열로 구성된 표를 그리고 선행 사건, 행동, 결과를 구분해 데이터를 나열하자. 한두 주 정도 데이터를 수집하면 반복해서 나타나는 패턴이 보일 것이다.

예시를 살펴보자.

	선행 사건	행동	결과
사건 1	점심시간 무렵에 슈퍼마켓에 갔다.	도넛을 한 상자 산 다음 차에서 전부 먹어치웠다.	속이 안 좋고 후회가 되었다.
사건 2	사무실에서 동료의 생일을 축하했다.	케이크를 많이 먹었다.	죄책감이 밀려왔다.
사건 3	아이들과 말씨름하고 나서 우울해졌다.	찬장을 뒤져서 쿠키를 찾아낸 다음 반 상자를 먹었다.	통제 불능인 기분이었다.

예시가 단순해 문제가 명확하게 보일 것이다. 사례에 등장하는 사람이 식탐이 지독해서 과식한 게 아니라는 사실을 금세 파악할 수 있다. 위 사례에 등장하는 사람은 스트레스에 대처하기 위해서, 또는 환경적 요인이 연상과 학습된 행동의 촉발 요인이 되었기 때문에(사무실 생일 파티 = 케이크 먹는 시간!) 과식했다.

이 간단한 기록을 살펴보면 행동이 달라지더라도 결과는

언제나 부정적이라는 걸 알 수 있다. 행동 자체를 바꾼다 해도 결과 개선에는 결코 효과가 없다. 하지만 이 기록은 어떻게 대처해야 할지를 말해주고 있다. 즉, 특정 행동을 피하기 위해서는 촉발 요인을 관리해야만 한다.

이 기법은 유용하게 사용 가능하지만 단순한 행동에 적합하다. 이보다 복잡하고 이해하기 힘든 경향성을 파악하려면, 특히 분석 자체에 편견이나 잘못된 개념이 작용한다면 전문가의 도움이 필요하다.

ABC 모델의 활용은 두 부분으로 구성된다. 첫째, 기존 행동을 더 잘 꿰뚫어볼 수 있도록 데이터를 수집해야 한다. 둘째, 원치 않는 행동을 하지 않도록 촉발 요인과 결과를 재구성해야 한다.

행동은 달라질 수 있지만 그러기 위해서는 시간이 걸린다. 행동의 변화를 꾀하려면 일반적으로 포괄적인 관점에서 바라볼 때, 즉 행동을 둘러싼 구조뿐만 아니라 행동을 뒷받침하는 생각까지 고려할 때 가장 효과적이다. 생각 과잉에 ABC 모델을 적용하면 생각 과잉이라는 행동에 앞서, 또 생각 과잉이 진행 중일 때와 그 이후에 어떤 생각이 드는지 알게 된다. 그리고 그런 생각이 행동에 어떤 식으로 영향을 미치는지 구체적으로 파악할 수 있다.

생각 중독

의도하지 않았으나 행동의 결과로 무심코 얻은 보상이 나쁜 행동을 고착화할 수 있다. 과음할 때마다 파티에 생기를 불어넣는 사람이라고 친구들에게 긍정적으로 인정받는 것을 예로 들 수 있다. 예시를 자세히 살펴보면 행동뿐만 아니라 그 뒤에 숨은 생각까지 파악할 수 있다. '술을 마시면 사람들이 나를 좋아해. 술을 마시지 않은 나를 그만큼 좋아하지는 않을 거야.' 이 경우 느닷없이 술을 끊는다고 해서 음주 문제가 해결되지 않는다. 술 마시는 행동을 계속하게 하는 핵심 믿음과 사고를 알아야 음주 문제로 인한 불안을 더 잘 극복한다.

역기능적 생각 기록하기

생각 과잉과 불안을 줄이는 또 다른 방법을 살펴보자. 부적응적 생각, 특히 삶에 원치 않는 결과를 초래하는 행동 이면에 있는 생각에 직접 개입하는 것이다. 역기능적 생각 기록은 구조화된 방법을 이용해 반사적인 생각과 무의식적인 생각까지 전부 한곳에 모은다. 그런 뒤 분석을 통해 더 나은 대안이 있는지 판단하는 방법이다.

앞서 ABC 표를 그렸던 것과 같은 방법으로 생각 기록표를 만들어보자.

날짜와 시간	상황	반사적 생각	감정	대안 반응	결과

부정적 감정을 강하게 경험할 때마다 표에 기록한다. 이는 생각과 감정에 대한 '부검'을 실시할 수 있고 당시 내 머릿속에 무슨 일이 벌어지는지 파악하는 데 도움이 된다. 데이터를 활용하는 유용한 방법이다.

- **상황**: '선행 사건'과 마찬가지로 특정 생각과 감정에 앞선 사건과 환경을 기록한다. 기억, 생각, 감정, 아이디어, 사소한 공상 등 특정한 감정을 느끼게 만든 모든 것이 여기에 해당한다.
- **반사적 생각**: 상황의 결과로 떠오른 생각과 이미지, 그리고 그에 대한 믿음과 몰입 정도를 기록한다.
- **감정**: 반사적으로 떠오른 생각에서 유발된 감정을 기록한다. 감정의 강도를 퍼센트로 함께 적으면 좋다.

- **대안 반응**: 이 대목에서는 '상황'에 기록한 사건 이후에 인지 왜곡이 있었는지, 더 건강하게 다른 방식으로 대응할 수는 없었는지 생각해본다. 이 부분은 왜곡에 정면으로 부딪치고 이를 극복하는 내용을 다루는 부분에서 더 자세히 알아보겠다.
- **결과**: 원래의 생각과 감정을 파악하고 수정하며 기록한다. 어떤 감정이 드는지, 반사적 생각을 얼마나 믿는지, 감정의 강도는 어땠는지, 어떻게 행동하고 싶은지 다시 생각해본다.

표에 열을 추가해 인지 왜곡까지 기록할 수도 있다. 이렇게 하면 시간이 지남에 따라 인지 왜곡을 더 쉽게 인식하고, 특히 어떤 왜곡에 쉽게 빠지는지 관찰하는 데 도움이 된다. 언제 표를 작성하는지는 원하는 대로 정한다. 하지만 부정적인 감정은 되도록 빨리 기록하자.

예를 들어, 갑자기 기분이 급격히 가라앉는 느낌이 들었다고 해보자. 이때 하던 일을 잠시 멈추고 감정을 인식한 다음 생각을 기록하는 것이다. 어떤 상황이었지? 점심시간 무렵인 오후 1시였고 집에 있었다. 처음에는 이 상황에서 왜 부정적인 감정이 생기는지 알 수 없겠지만, 조금 더 깊이 파고들자 '점심시간이다'라는 생각이 '살이 찔 테니 평소처럼 너무 많이 먹으면 안 돼'라는 생각으로 곧장 이어졌다는 것을 알아차렸다. 이

때 감정을 이해하게 된다.

상황과 그에 따른 생각 때문에 촉발된 감정은 미묘하지만 분명 부정적인 것이었다. 잠시 멈추어 자세히 살펴보기 전까지는 어떤 생각을 하고 있다는 것조차 인식하지 못했다. 그때 반사적으로 떠오른 생각은 '아무리 적게 먹어도 살이 찌고 점점 뚱뚱해질 거야. 어쩔 수 없는 일이야!'였다.

생각을 자세히 살펴보면, 눈에 보이지 않는데도 스스로 이 생각을 굳게 믿고 있다는 것을 알 수 있다. 그러면 표의 '감정' 칸에 좌절, 심드렁함, 자기 연민 같은 말을 쓰게 된다. 자기 삶에 긍정적인 영향을 미치기 위해 할 수 있는 일이 아무것도 없다고 생각하면 누구라도 그렇게 느낄 것이다.

대안 반응을 살펴보는 과정에서 가장 먼저 자신이 어떤 종류의 인지 왜곡에 빠졌는지 궁금할 것이다. 예시와 같은 경우에는 흑백논리 사고와 감정적 추론에 빠진 동시에 파국화와 부정적인 것을 선호하는 현상이 심각하다. 인지 왜곡에 대응하기 위해서는 '건강하게 먹으려면 힘들겠지만 계속 식단을 관리하면 나아질 수 있을 거야'라고 약간 달리 생각해야 한다.

점심시간 무렵에 또다시 기분이 안 좋아질 수는 있다. 하지만 원인을 잘 알고 있기 때문에 기존의 왜곡된 생각에 휩쓸려 점점 더 불안해지고 부정적인 생각이 꼬리에 꼬리를 물도록

생각 중독

뇌두지 않을 것이다. 오히려 생각을 중단한 다음, 대안 반응에서 정해둔 생각의 방향으로 바꾸면 어떻겠느냐고 스스로 질문할 것이다.

이 방법은 행동과 결합하면 더욱 효과적이다. 생각을 기록하며 부정적인 감정을 탐구하지 않았다면 늘 감정이 그대로 남아 행동에 영향을 미쳤을 것이다. 어쩌면 그런 생각 때문에 체념하거나 분노해 점심에 폭식하기로 마음먹을지도 모른다. 어떤 방법으로도 살을 빼는 것이 불가능하다고 생각하는데 폭식하지 말라는 법이 없지 않은가? 반면, 촉발 요인을 인식하고 당장 건강한 대안을 제시한다면 이를 바탕으로 다른 선택을 할 수 있다. '계속 식단을 관리하면 나아질 수 있을 거야'라고 믿는다면 어떻게 행동하겠는가? 아마 의식적으로 더 건강한 방법을 선택할 것이다.

ABC 모델과 역기능적 생각 기록은 모두 본질적으로 기능이 같다. 전자는 행동에, 후자는 행동 이면의 생각과 감정에 더 집중할 뿐이다. 자신이 처한 상황에 맞게 둘 중 하나를 선택하면 된다. 또는 생각 과잉과 불안을 경험할 때 내면에서 무슨 일이 벌어지는지 더 자세히 통찰하고 싶다면 두 가지를 함께 시도해도 좋다. 어느 쪽으로 결정하든 몇 주가 지나면 충분한 데이터를 모아 기존 생각에 맞서고 이를 바꾸는 다음 단계로 나아가야 한다.

불안에 빠진 '내 세상'을 지우는 방법

자신에게 도움이 되지 않는 생각에 맞서기 위해 어떤 방법을 시도하면 좋을까? 무엇이든 좋다. 다만 기본 개념은 불안을 유발하는 사고 패턴을 항상 통제하고 의식적으로 생각을 바꾸어 침착함, 통제력, 유능감을 느끼도록 해야 한다는 것이다. 여기에서도 판단보다는 공감을 바탕으로 호기심 어린 태도를 취해야 한다는 점을 기억하자. 불안하거나 생각이 너무 많은 사람은 자신에게 매우 가혹하다. 또한 스스로 생각한 결점과 약점을 자기 탓으로 돌리기 쉽다.

자신의 인식 패턴을 파악하고 모르고 있던 인지 왜곡을 찾아냈다면 축하할 만한 일이다. 절망, 수치심, 조급함에 시달리며 자신을 '고치려고' 하기보다 성장하고 변화하려는 정직함과 용기를 자랑스러워해야 한다. 인지 왜곡을 알아낸 다음에는 진정한 가치를 더 잘 반영하고 원하는 삶을 일구는 데 도움이 되도록 생각을 의식적으로 바꾸어야 한다. 그 과정에서 우리는 힘을 얻는다. 이제 널리 쓰이는 접근법을 몇 가지 알아보자.

인지 재구성

사람들은 자기 생각이 전적으로 옳다고 자주, 그리고 쉽게 가정한다. 재미있지 않은가? 대개 우리는 머릿속을 스치는 생각에 의문을 품지 않는다. 하지만 생각을 자세히 들여다보면 우리를 생각 과잉과 스트레스라는 패턴에 가두는 왜곡, 부정확성, 거짓 서술을 아주 쉽게 파악할 수 있다. 오래된 습관과 관습 때문이든 트라우마 때문이든 누가 가르쳐준 신념 때문이든 다양한 방식의 서술이 머릿속 깊숙이 자리 잡아 자신의 생각이 현실에 대한 해석이 아니라 현실 그 자체라고 확신한다.

하지만 우리는 기꺼이 과학자가 되어야 한다. 낡은 생각에 휘둘리지 않고 증거를 찾으며 중립적인 입장에서 자신의 생각을 점검하고 그 생각에 의문을 제기해야 한다. 이러한 명료함은 마치 칼과 같아서 생각 과잉을 말끔하게 도려낸다. 유용하고 정확한 생각만 남기고 도움이 되지 않는 생각은 잊도록 해준다.

심리학자 앨버트 엘리스Albert Ellis는 인지 치료, 그중에서도 인지 재구성의 창시자로 알려졌다. 그가 제안한 인지 재구성은 도움이 되지 않는 사고 패턴을 인식하고 수정하는 것이다. 우리에게는 원하는 생각을 구성할 선택권이 있으며, 제한적이거나 도움이 되지 않는 생각에 증거를 활용해 더 합리적인 생각으로 재구성할 수 있다.

심리치료사는 환자의 생각, 가정, 귀인(attribution, 자신이나 타인의 행동 원인을 추론하는 과정—옮긴이), 해석이 실제 현실에서 근거가 있는지 확인하도록 그들에게 확실한 데이터를 수집하라고 요청할 수 있다. 데이터를 수집하면 거리를 두고 자신을 바라보게 된다. 스스로 당연하다고 생각하는 것 중 상당 부분이 근거가 없다는 사실을 깨닫는다면 엄청난 통찰력을 얻을 수 있다! 그뿐만 아니라 기존과 반대되는 생각을 선택할 수 있다.

감정은 일어난 일 때문이 아니라 일어난 일을 어떻게 생각하느냐에 따라 달라진다. 따라서 상황을 보는 방식을 바꾸면 감정도 바뀐다. 사실 앞서 설명한 대로 자신의 생각을 관찰해본 적이 있다면, 이미 정신을 구조화하는 방식을 바꾸려고 의식적으로 주의를 기울이고 있다고 볼 수 있다.

속도를 늦추고 주의를 기울이기만 해도 삶의 주도권을 쥘 기회가 더 많이 생기고 더 의식적으로 생각하게 된다. 아무런 의문도 제기하지 않고 생각을 따라가는 것에서 이제 벗어나야 한다. 자신의 생각을 파악하기만 해도 합리적이고 분명하게 생각하게 되는데, 이는 스트레스를 유발하는 정신적 습관을 깨기 위한 큰 발걸음이다.

좀 더 자세히 살펴보자. 부정적인 감정이 느껴지면 일단 **멈**

춘다. 하던 일을 잠시 멈추고 주의를 환기한다. 그런 다음 무엇이든 좋으니 양식에 맞춰 최대한 많이 기록한다. 부정적인 감정을 유발한 요인과 신호를 기록하거나, 적어도 그 감정을 느끼기 직전 상황을 파악해 기록한다. 가급적 자세히 써야 한다. 그 자리에 누가 있었는가? 언제, 어디에서 그 일이 일어났는가? 아무리 사소한 내용이라고 해도 중요하므로 무슨 일이 일어났는지 최대한 자세히 기록하자.

그리고 그때 반사적으로 무슨 생각을 했는지 **기록**한다. 명확히 파악하지 못했다 해도 일단 떠오르는 대로 써 내려간다. 혼잣말을 했는지, 불쑥 질문이 튀어나왔는지, 즉시 해명이나 이야기를 시작했는지 곰곰이 떠올려보자. 여기에서 문제는 가장 고질적이고 해로운 반사적 생각을 처음 떠올릴 땐 대개 모호하고 구체적으로 설명하기 힘들다는 것이다. 그렇다면 결과로 느낀 감정과 그 감정의 강도에 주목하자. (처음 기록할 때는 생각과 감정이 같아 보일 수 있다. 자세히 살펴 이 둘을 분리해야 한다!) 두 가지 이상의 감정을 느끼는 것도 가능하다. 이 또한 기록해보자.

여기까지 익숙해지면 중요한 부분인 **변화**로 넘어간다. 단, 중립적인 태도로 데이터를 충분히 수집한 뒤에만 인지 재구성을 시도할 수 있다. 실제로 무엇을 바꿀지 명확하게 파악해야만 변화할 수 있기 때문이다! 자신이 어떤 왜곡을 하는지에 따라 **대안**이 결정된다. 이 과정이 익숙지 않다면 대안을 최대한 많이 마련하는 편이 좋다. 대안이 효과가 있을지는 중요하지 않다. 마음을 열고 상황을 다른 방식으로 생각할 수 있다는 것만 알면 된다. 여러 가지 해석을 모색해보자. 상황을 분석할 때 융통성과 친절함을 발휘하도록 하자.

이 과정에서 길잡이가 되어줄 만한 질문은 다음과 같다.

- 내 반사적 생각이 실제로 사실인지 아닌지 확인할 수 있는 근거는 무엇인가?
- 다른 식으로 설명할 수 있는가?
- 내가 오류를 범하거나 가정을 했는가?
- 일어날 수 있는 최악의 상황은 무엇인가? 정말 그 정도로 상황이 나쁜가?
- 나는 어떤 인지 왜곡에 빠져 있는가? 인지 왜곡을 하지 않는다면 어떤 식으로 생각하겠는가?
- 사랑하는 사람이나 친구가 이렇게 생각한다면 어떤 생각이 들겠는가?
- 사실 관계를 모두 확인했는가, 아니면 일부만 살펴보았는가?

생각 중독

- 내 반응은 진심이었는가, 아니면 습관적인 행동이었는가?
- 다른 관점에서 바라볼 수 있다면 어떤 관점이겠는가? 다른 사람들은 이 상황을 어떻게 생각하겠는가?
- 이 생각은 실제로 어디에서 왔는가? 출처는 믿을 만한가?

대안은 최대한 많이 적어보자. 최소한 세 개는 되어야 한다. 그런 다음 다시 표를 참고하자. 새로운 시각으로 생각과 감정을 살펴보자. 생각을 재구성한 뒤에 달라진 점이 있는가? 그렇다면 달라진 점에 주목하고 어떤 이점이 있는지 확인한다. 인지 재구성이 실제로 삶의 질을 높이고 기분을 더 좋게 한다는 사실을 내면화할수록 인지 재구성을 계속 실행하고 그 이점을 누릴 가능성이 커진다.

구체적인 예를 살펴보자. 마이크는 언제나 생각이 너무 많고 일 때문에 계속 걱정하느라 극심한 스트레스에 시달린다. 게다가 모든 일이 언제든 파국으로 치달을 수 있다는 두려움 때문에 한시도 긴장을 풀지 못한다. 그는 몇 주 동안 역기능적 생각을 기록했다. 그중 일부는 다음과 같다.

날짜와 시간	상황	반사적 생각
7월 9일 10시 45분	아침부터 허둥지둥했다. 복도에서 상사를 우연히 마주쳤는데, 내가 질문에 빠르게 대답하지 못하자 그가 웃었다.	'다른 사람들이 언제나 나를 지켜보고 평가한다.' '나는 언제나 완벽하게 자신을 통제하고 정확한 사람으로 보여야 한다.' '남들은 모르겠지만 나는 일을 못하는 실패자다.'
감정	대안 반응	결과
어쩔 줄 모름(80%), 수치심(10%), 절대 긴장을 풀지 못할 것만 같고 내가 사기꾼인 것만 같다.	예상되는 인지 왜곡: 파국화, 부풀리기, 부정적인 생각에 초점 맞추기, 독심술	생각을 재구성하고 나서 훨씬 편안하고 걱정이 사라졌다.

마이크는 몇 주 동안의 기록을 통해 같은 생각과 인지 왜곡이 몇 번이나 반복되는지와 그 패턴을 알아차렸다. 그는 자신의 생각을 살펴보고 앞서 제시한 질문을 던지며 몇 가지 대안을 도출했다.

- 사람들이 내가 하는 일에 대해 이따금 뭔가를 알아차리기는 하지만 그들이 나를 판단한다는 증거는 별로 없다.
- 실제로 상사가 어느 정도까지 나를 감시하는지에 대해 과장

해서 생각하는 것일 수 있다.

- 별 뜻 없는 웃음에 너무 의미를 부여해 해석하는 것인지도 모른다.
- 상사가 내 업무 성과를 마음에 들어한다는 증거가 많다.
- 가끔은 사소한 실수를 저지르고 다른 사람들에게 들키기도 하지만, 그렇다고 세상이 끝나는 것도 아니고 곧바로 해고될 가능성도 높지 않다.
- 다른 사람들이 나를 어떻게 생각하는지 잘 모르지만 그들이 나를 나쁘게 생각한다는 증거도 없다.

이러한 생각이 자리 잡자 어쩔 줄 모르던 감정은 80퍼센트에서 30퍼센트까지 떨어졌다. 사고를 긍정적으로 바꾸자 수치심을 전혀 느끼지 않게 되었다. 또다시 왜곡된 생각이 부풀어 오를 땐 잠시 멈춰서 자신이 상황을 통제할 수 있고 대안이 있다고 상기하게 되었다. 당신이 마이크라면 과거의 정신적 경로를 따라 반추와 스트레스로 가고 싶을까? 아니면 더 편안하고 현실적인 사고 패턴을 선택하고 싶을까?

행동 실험

위 접근법을 실행하면 질주하는 뇌를 차분하게 가라앉힐

수 있다. 뇌가 폭주하며 무의식중에 쏟아낸 반사적이고 도움되지 않는 생각들을 의심해볼 수 있는 것이다. 말하자면 기어를 중립에 두고 스스로 편견 없는 수사관이나 과학자가 되어 사건의 진상을 파헤치는 것이다. 하지만 가장 소중히 여기는 가설과 편견 일부는 인지 왜곡을 점검하고 대안을 찾은 뒤에도 계속 남아 있을 수 있다.

'다들 날 증오해'라고 생각하는 상황을 예로 들어보자. 어린 시절부터 뿌리박힌 생각이거나 자기 정체성을 생각할 때 습관적으로 형성된 감각에서 비롯했다면, 머리로는 '증오'라는 말이 지나치다고 알고 있더라도 이 생각을 절대 떨쳐버리지 못한다. 스스로 따져보기도 하고 대안이 될 만한 해석도 찾아보지만, 여전히 마음 깊은 곳에서는 그 생각을 사실이라고 믿고 있다. 하지만 이 생각의 뿌리에 도달할 방법이 하나 있다. 직접 시험해보는 것이다.

생각의 근거를 찾기란 쉽지 않다. 때로는 그 생각이 현실에 근거하고 있지 않다는 것을 증명하기 위해 '실험'을 할 필요도 있다. 핵심 가치로 굳게 자리 잡은 신념에는 감정적 요인이 있다. 그래서 합리적으로 반박하더라도 쉽게 사라지지 않는다. 그러므로 다음과 같은 기법을 시도해보자.

생각 중독

- **신념을 명확히 한다.** 자기 생각을 분명하게 글로 적고 관련된 감정과 그 강도를 적는다. 앞서 살펴본 예에서는 '다들 날 증오해'가 이에 해당한다.
- **가설을 세운다.** 여기에는 '날 증오하지 않는 사람도 있어'처럼 가능성 있는 대안이 포함된다.
- 이 가설을 시험할 **실험을 설계한다.** 이 신념을 제대로 시험해보려면 어떻게 해야 할까? 과거에 사람들에게서 좋아한다는 말을 들은 적이 있는지 살펴보거나, 주변 사람들이 나를 어떻게 대하는지 일주일 정도 관찰하면서 그들의 행동이 '증오'하는 태도에 해당하는지 살펴본다.
- 최대한 열린 마음으로 **실험을 진행하고** 관찰한 바를 기록한다. 주중에 일부러 시간을 내서 나에게 만나자고 한다거나 일부러 곁에 있으려고 애쓰는 사람들이 많다는 사실을 알게 될지도 모른다.
- **결과를 분석한다.** 어떻게 결론 내릴 수 있는가? '다들 날 증오해'라는 기존 신념이 면밀한 조사를 통해 입증되었는가? 결과에 따라 신념이 바뀌었을 때의 감정 변화에도 주목하자.
- 기존 믿음을 **수정하자.** 확신이 들지 않으면 실험을 다시 해보고 논리적으로나 실질적으로 그렇지 않다고 증명했음을 상기하자. 대안으로 삼은 신념과 관련된 감정을 기억하자.

위에서 설명한 방법은 '직접 가설 검증 실험'이라고 부르며, 이 밖에도 적용할 수 있는 몇 가지 행동 실험이 있다. 그러나 우리를 생각 과잉에 빠뜨리는 것 중에는 이런 실험 방식으로 가설을 세우기 쉽지 않은 것도 있다. 두려움과 부정적인 생각 또한 실험이 쉽지 않다. 이럴 때는 실험 대신 조사를 해볼 수 있다.

예를 들어 자신의 상황이 너무 부끄러워서 다른 사람에게 말할 수 없다는 생각에 사로잡혀 괴로워한다고 가정해보자. 머릿속을 떠나지 않고 괴롭히는 생각 때문에 불안해하는 같은 처지의 지인에게 물어보거나, 온라인에서 다른 사람들의 이야기를 찾아보는 방식으로 조사할 수 있다. 비슷한 생각으로 힘들어하는 많은 사람의 이야기를 보게 되면 자기 생각이 정상적이고 원래 인식했던 것만큼 해롭거나 위험하지 않다는 사실을 깨달을 수 있다.

또 다른 행동 실험 방법은 '발견 실험'이다. 불안한 사람은 특정한 사람들, 전반적인 세계, 심지어 자신에 대해서도 근거가 명확하지 않은 견해를 고수한다. 이들은 비합리적인 두려움을 내면화해 대안을 가정할 수 없는 지경에 이른다. 그리고 특정한 일을 피하지 않거나 하지 않으면 결과가 나쁠 거라고 단순하게 확신한다.

예컨대 어렸을 때 성적으로 학대당한 아이는 일상적으로 수치심을 느끼고 평상시에도 어떤 식으로든 가해자에게 '상처받았다'라고 생각할 수 있다. 어린 시절에 학대당했다고 평생 학대당하고 상처받는다는 명확한 근거는 없다. 하지만 아이는 학대 경험을 겪은 후 오랜 시간 그렇게 생각하며 살아왔기 때문에 '상처받지 않을 수 있다'고 생각하기 힘들다.

이 경우 당사자는 "내가 상처받지 않은 듯이 행동하면 어떻게 될까?"라고 스스로 질문해야 한다. 발견 실험이 처음 예시든 가설 검증과 다른 점은 특정한 진술과 생각의 진실성만 평가하는 게 아니라는 것이다. 이 실험을 하는 이유는 새로운 가설에 대한 주변 사람들의 반응을 살피기 위해서다. 그렇게 행동하기 벅찰 수도 있다. 하지만 자신이 믿고 있는 것이 사실인지 실제로 알아낼 유일한 방법일 수 있다. 단순히 자신을 돌이켜보거나 깊이 생각하는 것은 효과가 없기 때문이다. 게다가 자신의 경험이 이미 충분한 근거가 되기 때문에 효과적이고 설득력 있다.

자신이 고집하는 핵심 신념을 대상으로 실험을 설계해보자. 때로는 과거의 경험이나 굳게 자리 잡은 오랜 습관이 발전해 잘못된 신념이 되기도 한다. 변화가 필요하다고 스스로 납득하려면 그 신념을 직접 시도해보는 것이 가장 좋다. 피상적으로 상상만 하는 것이 아니라 실제 행동으로 옮기면 정신적 틀에서 벗어나 대안을 경험할 수 있다.

인지행동치료로 자기 대화 재구성하기

자신의 생각을 자세히 들여다보면, 생각이 너무 많다는 사실만으로도 당황스러워 무력감을 느낄 수 있다. 생각이 너무 많은 사람은 생각이 여기저기에서 하나씩 솟아나는 것이 아니라 내면에서 혼자 대화를 나누며 끊임없이 분출하는 경향이 있다. 계속 흘러넘치는 생각에 갇혀 있다 보면 딱 하나만을 짚어내기 힘들어진다.

자기 대화는 살아가는 동안 거의 쉬지 않고 머릿속에서 만들어내는 이야기와 해설이라고 정의할 수 있다. 자기 대화는 중립적일 수도(단순히 무언가에 주목하고 그것을 관찰하기), 긍정적일 수도(행복하고 힘 나는 감정 북돋우기), 부정적일 수도(기분 나쁘게 만들거나 이 책에 따르면 불안하게 만들기) 있다. ('사랑받으려면 완벽한 사람이 되어야 해' 같은) 부적응적 핵심 신념과 부정적인 자기 대화는 무엇이 다를까? 물론 두 개념이 겹치는 부분도 많지만 특징은 확실하게 다르다.

예를 통해 중요한 차이를 알아보자. '사랑받으려면 완벽한 사람이 되어야 해'라는 핵심 신념은 다음과 같은 흐름의 자기 대화와 내면 서술로 이어질 수 있다.

'넌 쓰레기야. 이 프로젝트를 얼마나 엉망진창으로 망쳤는지 보라고. 이럴 줄 알았어. 이렇게 쓸모없는 사람과 누가 어울리고 싶어 하겠어? 그래, 동정은 그만하자. 이렇게 전전긍긍하는 소심한 사람이랑 친해지고 싶어 하는 사람은 없어. 이 모양이니 아직 싱글이지! 넌 하는 일마다 실패하잖아. 왜 그러는 걸까? 뭐가 잘못됐는지 도무지 모르겠어……'

이런 식의 부정적인 서술을 개별적으로 다루는 것은 도움이 되지 않지만, 인내심을 갖고 인식하면 이 서술이 모두 한 가지 핵심 신념을 다양한 방식으로 표현하고 있다는 걸 알 수 있다. 부정적 자기 대화의 특징은 감정이 담겨 있다는 것이다. 방금 살펴본 자기 대화에서 수치심, 자신을 믿지 못하는 회의감, 맹렬한 비난이 느껴지는가? 이런 흐름의 자기 대화는 부정확한 것보다(물론 부정확하기도 하지만) 자신에게 인색하다는 것이 더 큰 문제다!

인지행동치료는 만성적인 낮은 자존감, 자기비판, 자기 의심에 뿌리를 둔 자기 대화를 관리하는 데에도 도움을 준다. 자기 대화는 무의식적이고 연속적이라서 언제 '시작되었는지' 모르는 경우가 많기 때문에 무엇이 이 대화의 흐름을 촉발하는지 알기 힘들다. 하지만 앞서 살펴본 ABC 모델과 역기능적 사고 기록을 활용하면 확인할 수 있다. 이 두 가지를 통해 자기 대화의 이면에 깔린 감정의 주제 한 가지를 짚어낼 수 있는지 살펴보고, 그것을 바탕으로 이런 생각의 흐름을 이끄는 핵심 신념과 생각을 뽑아내자.

내면 깊이 자리 잡은 만성적인 자기 대화를 다룰 때는 인지적 대안보다 감정적 대안이 더 효과적이다. 머릿속에서 질주하는 생각의 정확성, 진실성, 논리에 집착하기보다 그 뒤에 숨은 감정을 파악해 직접 다루어야 한다. 이를 앞서 살펴본 예에 적용해보면, 핵심 신념을 '나는 불완전하지만 지금 이대로도 사랑받을 가치가 있어'로 바꾸는 것은 물론이고, 이에 수반된 낮은 자존감을 자기애와 연민으로 대체해야 한다.

감정과 행동이 언제나 복잡하게 얽히는 것은 불가피한 사실이다. 우리가 자기 대화를 할 때 사용하는 언어는 사실에 근거한 서술의 정확성만큼이나 큰 차이를 만든다. **내면에서 자신을 대하는 방식은 생각에서 그치지 않고 태도와 습관으로 이어진다.**

그러니 여느 인간관계와 마찬가지로 시간을 들여 친절과 존중을 바탕으로 자신과의 관계를 구축해야만 한다.

자기 대화 대본은 단순히 개인의 서술이나 생각의 범위를 넘어 자신을 향해, 그리고 자신에 대해 항상 긍정적이고 힘을 북돋우는 방식으로 이야기하는 영역까지 확장된다. 자신을 향해 어떤 목소리를 내는가? 긍정적인가, 부정적인가? 정확한가, 부정확한가? 현실적인가, 비현실적인가? 친절한가, 불친절한가? 도움이 되는가, 도움이 되지 않는가?

의도적으로 계획한 자기 대화 대본은 내면에서 벌어지는 자기 대화를 통제할 수 있다. 스트레스와 생각 과잉에 시달릴 때마다 자기 대화 대본을 활용하면, 시간이 지남에 따라 반사적으로 그 대본을 불러올 수 있을 것이다.

자기 대화 대본은 명상, 시각화, 점진적 근육 이완 훈련을 할 때 사용할 수도 있고, 긴장된 순간에 자기만의 주문을 외거나 힘나는 말을 떠올리면서 함께 활용할 수도 있다. 기분이 좋고 행복할 때 스스로를 격려하는 자기 대화 대본을 만든 다음, 불안하거나 힘들 때마다 대본을 불러와 마음을 다잡자.

자신의 촉발 요인을 잘 알고 있다면, 부정적인 자기 대화와 생각 과잉에 빠지기 가장 취약한 순간에 미리 만들어놓은 대본을 '불러오도록' 스스로 상기할 수 있다. 예를 들어 사람들

앞에서 말하는 것이 촉발 요인이라고 해보자. 긴장을 푸는 호흡법과 마음을 차분하게 하는 시각화 요법만으로는 부족할 수 있다. 이때 '할 수 있어. 사람들 앞에서 말한다고 해서 세상이 끝나는 것도 아니고 전에도 여러 번 잘했잖아'라는 식의 자기 대화를 결합해 파국화하거나 흑백논리로 생각하는 인지 왜곡에 맞서도록 노력할 수 있다. 스스로 촉발 요인에 준비하고 대처하는 것이다.

자기 대화 대본은 원하는 곳에 자신의 관심을 집중한다는 면에서 자기 최면과 약간 비슷하다. 자기 대화는 무의식적일 수도 있지만, 자기 대화 대본은 의도적으로 만들어둔 것이라 의식적인 통제가 가능해진다. 차분하고 집중력이 좋을 때 자기 대화 대본을 연습해서 스트레스받을 때 반사적으로 떠올리도록 하자. 대본을 글로 쓰거나 벽에 잘 보이는 곳에 주요 문구를 붙여두자. 시간이 얼마간 지난 뒤에 대본 덕분에 기분이나 생각이 달라졌는지 살펴보고 필요하면 대본을 수정한다. 다양한 상황, 촉발 요인, 인지 왜곡, 두려움에 따라 몇 가지 대본을 준비해도 좋다.

다음 방법을 통해 자기 대화 대본을 구체적으로 이해해보자.

내면의 치어리더: 긍정적인 자기 대화 대본의 원천

스스로 파악한 부정적인 면과 불안을 상쇄하려고 열심히 노력하는 중이라면, 내면에서는 반대로 긍정적이고 불안을 가라앉히는 목소리를 내는 것이 도움 된다. 그러니 내 안의 비평가가 아니라 '치어리더'에게 관심을 가져야 한다.

내면의 치어리더는 내게 가장 좋은 것을 원한다. 가장 현명하고 고귀하고 발달한 내 일부이기도 하다. (수호천사, 신, 더 막강한 힘 같은) 별개의 존재, (요정 대모 같은) 신화적 존재나 이야기 속 인물, 단순히 더 똑똑한 자신의 일부 등등 그중 무엇을 치어리더로 여기든지 왜곡된 생각과 핵심 신념을 발견할 때마다 내면의 치어리더를 의식적으로 불러올 수 있다.

예를 들어 내면의 부정적인 목소리가 비판과 걱정을 쏟아내 불안을 유발할 때 의도적으로 치어리더에게 대응을 요청할 수 있다. 어쩌면 이 과정이 자신에 대한 의심과 점점 커지는 자신감 사이의 실제 대화처럼 느껴질지도 모르겠다.

"난 이 일을 망칠 거야. 안 봐도 뻔해."

"그렇지 않아. 아직 일어나지 않은 일의 결과를 알 수는 없어. 넌 재주가 많잖아. 그리고 열심히 노력했어."

"그래, 하지만 운이 나쁠 가능성은 언제나 있지. 그럼 모든 게 물거품이 될 테고 뭘 어떻게 할 수도 없을 거야……."

"설령 그렇다고 해도 상관없어. 처음부터 성공하지 못한다고 해도 넌 사랑받을 자격이 있고 가치 있는 사람이야. 무슨 일이 있든 열심히 배우고 있는데 두려울 게 뭐가 있겠어?"

이런 식의 대화를 진행할 수 있다. 치어리더와의 대화는 본질적으로 성공과 행복을 위해 헌신하는 자신의 일부와 함께 부정적이고 불안을 유발하는 반사적인 편견에 맞서 싸우는 것이다. 자신과 주거니 받거니 대화를 나누는 일이 약간 인위적으로 느껴지더라도 일단 해보자. 내면의 목소리에 귀 기울일 기회만 있다면 자신이 얼마나 현명하고 명석한 판단을 내릴 수 있는지 놀랄 것이다!

끝으로 '긍정'에 대해 잠시 이야기해 보자. 우리 모두 실제로 믿지 않는 가짜 긍정과 주문처럼 되뇌는 긍정적인 말은 그다지 도움이 되지 않는다는 것을 알고 있다. 긍정적인 자기 대화는 한심할 정도로 현실과 동떨어졌거나, 자신에게 거짓말을 하거나, 문제가 존재하지 않는 척하는 것을 의미하지 않는다. 단지 삶에 대한 자신의 인식에 약간 긍정적인 편견을 기꺼이 심어주겠다는 뜻이다.

스트레스, 불확실성, 어려운 과제를 완전히 없애는 것이 목표가 아님을 기억하자. 모든 것이 완벽한 환상의 세계로 자신을 보내라는 것이 아니다. 약간의 스트레스는 성과를 향상하고 자극이 된다!

요점 정리

☐ 불안을 많이 유발하는 부정적인 사고 패턴에 갇힌 사람들이 많다. 인지행동치료는 이러한 사고 패턴을 파악하고 이를 더 긍정적인 태도로 바꾸어 정신 건강을 크게 개선하는 데 도움을 준다.

☐ 가장 먼저 해야 할 일은 자신이 빠지기 쉬운 인지 왜곡을 파악하는 것이다. 흑백논리 사고는 일반적인 인지 왜곡 중 하나다. 이는 모든 것을 아주 끔찍하거나 아주 좋은 것으로 인식하는 사고방식으로, 주어진 상황에서 균형을 찾지 못하고 나쁜 일에만 초점을 맞추며 긍정적인 면을 무시한다. 인지 왜곡의 종류는 매우 다양하고 몇 가지 왜곡에 동시에 빠지는 경우가 많다.

☐ 다음으로 어떤 상황, 사람, 환경이 특정 사고 패턴을 촉발하는지에 초점을 맞추어보자. 역기능적 사고 기록을 통해 이와 관련된 내용을 추적할 수 있다. 부정적 사고 패턴으로 빠져든다는 생각이 들 때마다 잠시 멈추어 그 생각에 앞선 장소, 상황, 사건을 정확히 파악하고 자신의 인지 왜곡 유형을 확인한다. 그런 다음 이

에 대한 합리적인 반응을 생각해본다.

☐ 인지 왜곡을 더 많이 이해하고 나면, 이러한 사고 패턴을 바꿀 방법을 알아야 한다. 이에 효과적인 방법은 행동 실험이다. 이 기법을 활용하는 방법은 단순한데, 자신의 부정적인 생각과 신념을 명확히 표현하는 것이다. 그런 다음 생각과 신념이 거짓일 수도 있다는 가정하에 가설을 세운다. 자신의 신념이 거짓임을 나타내는 증거나 과거의 경험이 있는지 생각해본다. 마찬가지 방법으로 주변 환경을 관찰해 신념이 거짓임을 입증하는 증거가 있는지 파악하고, 기존 신념을 의심할 만한 이유를 발견하면 이를 분석하고 그에 따라 사고 패턴을 바꾼다.

6장

오늘을 사는 법

인생을 낭비하지 않는 생존 전략

지금까지 우리는 (실제로는 불안 문제인) 생각 과잉이라는 문제를 다양한 각도에서 살폈다. 시간과 삶의 스트레스 요인을 관리하는 일부터 자기 생각과 감정을 통제하고 몸의 긴장과 스트레스를 줄이는 것에 이르기까지 다양한 해결책을 알아보았다. 몇 가지 과학적 모델과 이를 뒷받침하는 연구 또한 낱낱이 살펴보았다. 여러 가지 연구 결과를 삶에 적용하는 작업은 창의력을 요구하는 기술이라는 점에서 예술과 닮았다는 사실 또한 알게 되었다.

우리가 읽고 살핀 연구와 기술의 목표는 생각 과잉에 빠지는 순간 필요한 몇 가지 단순한 요령 익히기가 아니다(물론 이런 것들도 도움은 된다). 완전히 새로운 사람, 다시 말해 자기 마음과 정신을 잘 알고 이 둘을 능숙히 다루는 사람, 특유의 침착함과 통제력을 갖고 자신 있게 삶을 마주하는 사람이 되는 것이다. 부정적인 생각에 짓눌린 사람과 어떤 도전과 긴장이 닥쳐도 침착하게 대처하는 사람의 진정한 차이는 무엇일까? 모든 것은 태도에 달렸다.

이번 장에서는 앞서 살펴본 기법의 핵심을 한데 모아, 불안하지 않은 사람의 건강한 사고방식과 관점을 알아보겠다. **우리는 언제나 더 잘 인식하는 쪽을 선택할 수 있고, 인식의 방향도 선택할 수 있다.** 타고난 기질이 침착한 사람을 알고 있다면, 그 사람의 개인적인 서사에서 앞으로 설명할 태도를 한 가지 이상 발견할 수 있을 것이다. 그리고 약간의 의식적인 훈련을 통해 그들이 하는 행동을 배울 수 있다. 앞서 설명한 규칙적인 훈련이 필요한 기법들이 이제부터 설명할 태도로 자연스럽게 이어지기를 바란다.

태도 1 통제할 수 없는 일이 아니라 통제할 수 있는 일에 집중한다

인간의 의식적인 자각은 한 번에 한 가지에만 집중할 수 있다. 그렇다면 무엇에 집중해야 할까?

우리는 무력감을 느끼고 통제할 수 없다는 생각이 들 때 불안과 생각 과잉에 빠진다. 통제 범위 밖에 있는 것들에 인식을 집중하면 당연히 무력감에 휩쓸린다. 우리는 우리를 괴롭히는 것들, 즉 행위의 주체가 내가 아닌 것들에 집착한다. 손쓸 수 없는 모든 일에 일일이 집중하느라 시야에서 벗어나버린 다른 선택권과 해결책을 잊어버리는 셈이다. 해결책은 이미 존재한다. 그 해결책에 주의를 기울이기만 하면 된다.

'내가 어떻게 할 수 없는 일'에 집중하는 것은 움직이지 않는 돌덩이를 미는 것과 같다. 아무리 밀어도 돌은 꼼짝하지 않는다. 자기만 기운이 빠질 뿐이다. 밀리지 않는 돌은 밀 수 없다. 그게 사실이다! 그런데 왜 바꿀 수 없는 일에 주의를 집중하며 에너지를 낭비하는가? 그 노력을 다른 곳에 기울이면 실질적인 변화를 이룰 수 있는데, 왜 노력을 낭비하는가!

물론 안다. 때로는 선택의 폭이 매우 제한적이고 마음에 들지 않는 두 가지 중 하나를 선택해야만 하는 경우도 있다. 그럼에도 여전히 선택은 할 수 있다. 많은 경우에 유일하게 통제할 수 있는 대상이 나 자신뿐이지만 그것으로 충분하다! 도로에서 접촉 사고를 당했다고 가정해보자. 상대 차량 운전자가 문자 메시지를 보내다가 낸 사고다. 상대 차 과실 100퍼센트인 상황인데도 가해자는 사실을 부인하고 피하지 못한 사람이 바보라며 피해자인 나에게 고함부터 친다.

이런 상황에서 인간은 두려움, 분노, 불행에 휩쓸린다. 하지만 화를 낸다고 해서 무엇을 얻을 수 있을까? 스토아학파의 가르침에 따라 스스로 바꿀 수 없는 일이라면 우아하게 받아들여야 한다. 보험 정보를 신속하게 확인하고 최대한 빨리 그 상황에서 벗어나 자동차를 수리할 방법을 찾는 데 에너지를 쓰는 편이 더 낫다. 내가 아닌 다른 사람이 잘못했는가? 그렇다. 그 사람이 형편없이 굴고 짜증을 유발하며 스트레스를 주는가? 그런 것 같다. 하지만 내가 스트레스를 받을 필요는 있을까? 당연히 없다. 상대가 던진 미끼를 물지 않고 타인의 모욕을 무시한 채 현실적으로 행동할 수 있어야 한다. 주도적으로 나서도 바뀌지 않는 일에 스트레스를 받을 필요는 없다.

"명심하라. 통제할 수 없는 것을 중요하게 여길수록 통제력은 떨어진다."

고대 스토아학파의 철학자 에픽테토스Epictetus의 말이다. 우리는 외부의 사건이 아니라 자신의 정신에 영향력을 행사할 수 있다. 따라서 영향력이 미치지 않는 외부 사건에 계속 집중한다면 결과는 자명하다. 무력감과 그로 인한 불안을 반복해서 경험할 뿐이다.

실제로 오늘날 연구자들은 통제할 수 있는 것에 집중하는 스토아학파의 원칙이 불안을 경험하는 사람들에게 상당한 이점이 있다는 증거를 찾아냈다. 2020년 영국 버크벡 칼리지Birkbeck College의 정서 및 인지 신경과학 연구실Affective and Cognitive Neuroscience Lab 소속 알렉산더 맥렐런Alexander MacLellan은 스토아식 훈련 프로그램이 참가자들에게 어떤 영향을 끼쳤는지 살펴보았다. 실험군은 스토아식 훈련 프로그램에 참여하지 않은 대조군보다 반추가 약 13퍼센트 감소했다. 흥미롭게도 참가자들이 훈련한 기법이 이 책에서 소개한 것과 크게 다르지 않았다.

태도 2 할 수 없는 일이 아니라 할 수 있는 일에 집중한다

통제할 수 있는 일에 집중하는 태도는 또 다른 중요한 태도로 이어진다. 불안과 생각 과잉은 추상적이고, 내면에서 벌어지며, 모호하다. 생각해보면 가능성, 두려움, 가정, 기억, 추측

같은 것들은 공기보다 더 실체가 없다. 이런 것들에 빠져 살다 보면 세상에 능동적으로 참여하는 자신의 힘을 인식하지 못한다. 자연스럽게 주변 세상을 수동적으로 목격하고 그에 대해 반추하기 위해 존재하는 것만 같다고 느끼기 일쑤다. 무력감에 휩싸일 뿐만 아니라 때로는 스트레스만으로 생각 과잉에 빠지기도 한다. 그것은 행동하기를 두려워하거나, 행동할 수 없다고 생각하거나, 행동할 수 있고 행동해야만 한다는 사실을 인식하지 못하기 때문이다.

행동하면 상황이 명확해지고 정신이 차분해지는 효과가 있어서 머릿속에서 벌어지는 추측과 스트레스를 유발하는 반추에서 벗어나게 된다. 행동에 집중하지 않거나 할 수 없는 일 때문에 스트레스받는다면, 좌절을 안기는 쓸모없는 일에 아득바득 에너지를 쏟고 있는 것이다. 우리는 이때 느끼는 무력감에만 집중하고 가능성 있는 해결책에는 눈을 감아버린다.

어떤 사람이 술집을 열고 싶었지만 복잡한 행정 절차와 법규 때문에 주류 취급 허가를 받지 못하게 되어 실망했다고 가정해보자. 그 사람은 이러지도 저러지도 못하는 처지가 되었다. 계획한 일이 전부 다 망가진 것만 같았고 일이 이렇게 되자 자신이 아무것도 할 수 없다는 사실에, 이 모든 일이 부당하다는 사실에 집중하게 되었고…… 역시나 스트레스를 받았다.

관점을 바꿔보자. 이렇게 물을 수 있다.

"술집을 못 열면 뭘 할 수 있을까?"

그리고 이렇게 생각할 수 있다.

"카페를 열어볼까?"

인지 능력을 활용해 문제를 해결하고, 창의적인 해결책을 떠올려보자. 낯설고 새로운 상황을 헤쳐갈 참신한 방법을 찾는 다면 매우 바람직하다. 생각은 행동을 유발한다는 점에서 소중한 기술이다. **생각 없는 행동은 어리석지만, 행동 없는 생각은 불안만 낳을 뿐이다.**

올바른 태도를 배운다면 역경과 장애를 창의적인 해결책을 찾는 기회로 바꿀 수 있다. 또한 스트레스와 걱정이 계획과 혁신으로 연결될 수 있다. 최고의 발명가들의 비하인드 스토리만 봐도 원래 계획이 실패했기 때문에 놀라운 아이디어를 떠올린 경우가 많다. 하지만 기억하자. 실패에서 찾을 수 있는 새로운 가능성이 아니라 실패 자체에 초점을 맞추면 불필요한 스트레스에 빠져들 뿐이다.

태도 3 갖지 못한 것이 아니라 가진 것에 집중한다

무슨 이야기를 할지 짐작할 것이다. 가능한 해결책과 긍정적인 해석에 초점을 맞추면 자신감과 만족감을 얻는 반면, 상황의 문제점에만 집중하면 불안에 빠지기 십상이다. 전자는 확장성이 있고 힘을 주며 호기심을 바탕으로 삶을 생생하게 만들어준다. 후자는 제한적인 데다가 힘이 빠지고 무관심적인 태도를 보이게 하며 무엇보다 과거의 결론을 바탕으로 한다. 유리잔에 물이 절반 채워져 있다고 생각하느냐, 절반 비어 있다고 생각하느냐와 비슷한 문제다.

자신이 가진 것에 집중하면 모든 상황을 긍정적이고 건강하게 평가할 수 있다. 내게는 어떤 자원이 있는가? 어떤 것이 잘되고 있는가? 무엇에 감사해야 하는가? 이런 마음가짐이라면 해결책과 새로운 기회를 찾을 수 있다. 이와 달리 잃어버린 것, 부족한 것, 잘못된 것에 집착하면 오직 그것만 보인다. 이런 것에만 집중하면 불행에서 벗어나게 해줄 해결책을 완전히 놓치고 만다.

아주 간단한 예를 들어보자. 자녀의 생일 파티가 열리는 중이고 손님이 아주 많은 상황이라고 해보자. 분명 제법 스트레스받는 상황이다! 게다가 사소한 사건이 벌어지는 바람에 케이크가 바닥에 떨어졌고 결국엔 완전히 뭉개졌다. 파티 주최자는 스트레스를 받으며 '파티도 망하고 케이크도 없다니 정말 끔찍하다!'는 감정에 집중할 수 있다. 하지만 상황을 유머러스하게 받아들이는 방법도 있다. 가령 주방에서 창의적인 대안을 찾아보는 건 어떨까? 초, 큰 수박, 파티 장식, 산더미처럼 쌓인 사탕이 있으니 오후가 끝날 때까지 즉석에서 최고의 생일 케이크를 만드는 아이들에게 상품을 주는 게임을 생각해낼 수도 있다.

생각이 너무 많으면 문제를 크게 생각하는 동시에 자신의 문제 해결력을 과소평가한다. 작은 흙더미조차 산으로 여기며 할 수 있는 일이 아무것도 없다고 자신을 설득한다. 침착한 사람들은 진짜 재난에 직면하더라도 자기 능력과 회복력을 믿고 길을 찾는다.

내 손에 쥔 것에 집중하는 태도를 염두에 두면서, '감사'에 대해 살펴볼 필요가 있다. 감사한다는 것은 현재 잘되고 있는 모든 일을 인지하고 즐기는 것을 의미한다. 어떤 의미에서는 스트레스받고 불안한 성향과 반대다.

2016년 조엘 왕Joel Wong 연구진은 심리 치료를 받는 환자들을 대상으로 '감사 편지'를 통해 타인에게 감사한 마음을 표현한 집단, 단순히 생각과 감정을 기록하는 글쓰기를 한 집단, 아무엇도 쓰지 않은 집단으로 나누어 정신적 행복의 변화를 살폈다. 짐작하듯이 감사를 표현한 집단의 행복도가 가장 크게 향상했다. '감사 기록하기'는 통계적으로 정신적 행복도를 유의미하게 끌어올린다.

지금 당면한 문제에만 집중하면 삶은 퍽퍽해진다. 문제가 아닌 일에 의식적으로 정신을 집중해야 할 필요가 있다. 여러모로 복받았다고 인식하고 감사해하는 태도는 버거운 일에 부딪혔을 때 완충제 역할을 한다.

태도 4 과거와 미래가 아닌 현재에 집중한다

불안은 늘 지금, 여기가 아닌 다른 곳에 산다. 과거에 살며 이미 벌어진 일(다시 말해 [태도 1]에서 살펴본 통제할 수 없는 일)을 걱정하거나, 스트레스를 유발하는 온갖 상상을 하며 쓸데없이 미래를 떠돈다. 하지만 의식적 인식과 도움이 되는 행동은 다른 어딘가가 아닌 현재에 존재한다. 바로 지금 벌어지는 일로 인식을 끌어오면 생각 과잉의 범위가 좁아진다. 또한 실제로 도움이 될 가능성이 가장 높은 한 곳에 생각을 집중해야 한다. 해결책, 행복, 통찰력, 도움이 되는 행동은 무엇이든 전부

다 오직 한 곳, 지금 여기에만 존재한다. 따라서 긍정적인 행동을 찾으려면 지금 여기에 있어야 한다.

자녀의 생일 파티보다 약간 심각한 예를 들어보겠다. 과거에 학대, 상실, 정신 질환을 경험한 사람이 있다고 하자. 인생 전반적으로 암울한 시기를 보냈으며 내내 고통받았다. 삶에 벌어진 사건과 자신이 한 실수뿐만 아니라, 자신을 둘러싼 상황이 미래에 어떤 의미가 있으며 어디로 가야 하는지 몰라 혼란스러웠다. 하지만 수년간 치료받으며 스스로 노력하고 발전한 끝에 사랑하는 사람을 만났다. 과거와 달라졌다. 무언가 잘 풀리고 있다.

꽤 긍정적인 상황이지만 이 사람은 새로운 관계에 집중하지 못하고 과거에 경험한 나쁜 관계를 후회하는 데 정신을 빼앗긴다. 과거의 경험이 새로운 관계를 위협하고 미래의 모든 관계가 과거의 실수와 후회로 영원히 얼룩질까 봐 걱정한다. 나쁜 일이 일어날까 마음 졸이다 보니 오히려 계속 나쁜 일을 기다리는 셈이다. 자신이 상처 입고 복잡한 사람이라는 생각에 사로잡혀 언제쯤 다른 사람들이 이렇게 엉망진창인 자기 모습을 알게 될지 끊임없이 걱정한다.

그러는 동안 계속 외면당하는 것이 있다. 바로 지금 현재 상황이 아주 좋다는 사실이다! 오래전 이미 지나가버린 어떤 순간 때문에 슬퍼하느라 지금 누리는 새로운 순간에 감사하지 못하는 실정이다. 그 사실을 깨닫지 못하는 사람이 얼마나 많은가. 지금 눈앞에 놓인 생생한 현재를 무시하면서 아직 오지 않은 미래에 일어날지 모를(안 일어날 수도 있는) 일을 걱정하느라 얼마나 많은 에너지와 시간을 낭비하는가!

태도 5 원하는 것이 아니라 필요한 것에 집중한다

불안을 유발하지 않는 사고방식에는 단순함이 있다. 개인의 내면 서사와 자기 대화는 실제 삶과 거의 관련 없는 복잡한 세계를 엮어낼 수 있다. 스트레스를 유발하는 생각 과잉에서 벗어나는 방법 한 가지는 자신의 행복과 안녕에 꼭 필요한 것이 무엇인지, 그리고 여기에 선택적으로 추가하면 좋을 만한 것이 무엇인지 이해하는 것이다.

원하는 것이 아니라 필요한 것에 집중하면 일의 핵심을 파악하고 궁극적으로 중요한 일을 우선하는 데 도움이 된다. 다시 말하지만 정말 중요한 일에 집중하고 그렇지 않은 일은 잊어라! 그래야 스트레스를 덜 받는다.

예를 들어보자. 새로운 지역으로 장거리 이사를 계획 중인 사람이 있다. 어떤 집을 구해야 생활 방식에 잘 맞을까 세세하게 생각하다 보니 감당할 수 없을 정도로 조건이 늘어나 스트레스를 받기 시작한다. 결국 점점 세밀한 요구 조건까지 파고들며 반추에 몰두하고 만다.

'A는 마당이 근사하지만 B보다 비싸. B는 상점에서 더 가깝기도 하지. 하지만 그렇게 따지면 C가 상점에서 더 가깝고 가격도 더 저렴해. 하지만 이 집에는 마당이 없어. 그래도 마룻바닥이 아주 좋던데 마당이 없으면 또 어때? 하지만……'

끝없는 가능성과 선택권을 생각하는 것이 현명해 보일지 모르지만, 실제로는 이런 생각 때문에 무력감을 느끼고 효율성이 떨어지는 결정을 내리게 된다. 모든 일을 최고로 해내려고 끊임없이 노력하면 할수록 핵심 가치에서 점점 멀어지기 마련이다. 중요하지만 본질적이지 않은 일들을 신경 쓰느라 정신이 산만해진다.

예시에 등장한 사람은 잡다한 생각을 멈추고 새집에 가장 필요한 기능 세 가지를 목록으로 작성해야 한다. 만약 가격, 마당 여부, 침실 세 개는 타협할 수 없는 항목이라고 정했다면 이에 주의를 기울이고 기준에 맞지 않는 집들은 무시하면 된다.

필요한 것에 집중하면 좋지 않은 변화, 시련, 실망에 직면했을 때 세상이 끝난 것처럼 받아들이지 않고 탄력적으로 대처할 수 있다. 그리고 어떤 대상이 필요한 것이 아니라 단순히 원하는 것임을 알게 되면 대상을 얻지 못하더라도 쉽게 잊고 앞으로 나아갈 수 있다.

끝으로 인간은 대개 자신이 진정으로 원하는 것이 무엇인지, 무엇이 자신을 행복하게 해줄지 예측하는 데 서툴다는 사실에 주목해야 한다. 가장 기본적이고 근본적인 필요에 집중하면 어쩔 수 없이 진정한 가치를 생각하게 된다. 하지만 바람과 욕구를 생각하면 더 탁한 물속에 빠질 수 있다. 특정 선택지를 지나치게 많이 생각하거나 실제로는 원하지 않았던 무언가를 원한다고 확신하도록 자신을 설득하는 바람에 곤경에 처해본 적 있지 않은가?

정신적 미니멀리즘을 실천하고 주변을 간소화해보자. 그리고 중요한 결정을 극단적으로 통제하려고 하지 말자. 우리는 누구나 자신이 원해야 한다고 생각하는 것, 다른 사람들이 원하는 것, 문화와 사회적 기대, 광고, 보기와 달리 실체가 없는 일시적인 변덕 때문에 혼란스러워질 수 있다. 진정한 필요는 대체로 단순하고 직접적으로 느껴진다. 자신도 모르는 사이에 끊임없이 정당화하고 변명하는 결정과 욕구는 진정으로 필요

생각 중독

한 것이 아니다.

전반적인 불안을 줄이는 데 도움을 주는 방법을 하나 더 소개하겠다. 인간관계에 대한 반추와 사회에서 받는 스트레스 요인이 불안의 주요 원인이라면, 필요에 집중함으로써 상황을 단순하게 만들 수 있다. 심리학자 마셜 로젠버그Marshall Rosenberg가 제안한 비폭력 대화Nonviolent Communication는 관계에서 공감, 유대감, 이해를 향상하는 방법이다. 이 방법의 원칙 중 하나는 사회 교류를 할 때 필요에 집중하는 것이다. 자신의 필요를 분명하게 공유하고 다른 사람의 필요에 귀 기울임으로써 스트레스와 강요 없는 대화가 가능해진다. 이를 통해 더 잘 화합하게 되고 관계에서 고통과 불안이 줄어든다.

유독 사람들과 어울리기 싫고 아무도 만나고 싶지 않은 날에 지인들이 연락해 집에 놀러 가도 되느냐고 물었다고 가정해보자. 그들의 (짜증 나는) 행동에 초점을 맞추어 비난하거나 회피한 다음 죄책감을 느끼며 변명하는 대신, 반추에서 벗어나 거리를 두고 모든 사람의 필요를 각각 살펴보자. 그러면 "있잖아, 오늘 밤에 정말 놀고 싶어 하는 마음은 알겠는데 난 지금 좀 쉬어야겠어. 대신 다음 주에 만나는 건 어때?"라고 말하게 된다. 필요에 집중하면 수많은 잠재 스트레스를 피할 수 있다.

지금까지 살펴본 다섯 가지 태도는 모두 하나의 주제를 관통한다. 불안을 유발하는 생각 과잉에 휘둘리지 않는 사람들은 유연성, 집중력, 회복력, 유익한 행동이 특징인 삶의 태도를 습득하고 있다는 점이다. 어떤 상황에서든 좋은 것에 인식을 집중하자. 즉, 어떤 역경이 닥치더라도 내게 가장 이익이 되는 행동을 꾸준히 할 수 있는 능력에 집중해야 한다.

불안이 인생의 운전대를 잡지 않도록

앞서 설명한 태도는 우리의 사고, 인식, 행동, 궁극적으로는 세계를 형성한다. 이러한 태도를 기르려면 긍정, 유연성, 희망, 감사, 호기심, 인내심, 자존감, 약간의 유머가 필요하다. 다시 말해 앞서 설명한 태도를 지닌 사람들의 가장 큰 차이는 감정과 관련된 것들이다. **내 감정을 인식하고 잘 이해할 때 내게 가장 도움이 되는 감정 상태를 취할 수 있다.** 자신을 잘 이해한다는 것은 신체와 정신, 마음은 물론이고 감정까지 잘 안다는 뜻이다.

앞서 설명한 인지행동치료 기법과 마음챙김을 바탕으로 한 방법을 통해 판단하지 않고 자기감정을 받아들이는 법을 배울 수 있다. 우리는 감정을 차분하게 인식하고 그 감정을 받아들

생각 중독

여야 한다. 이것이 중요한 이유는 감정 조절은 감정을 수용하는 데서 시작해서다. 감정을 밀어내는 것이 아니라 세세하게 규정하고 그에 익숙해져야 감정을 더 잘 처리할 수 있다.

여기에 또 다른 기법을 더해보자. 치료에 활용되어 높은 성과를 거둔 기법 중 '반대 행동 기법'이 있다. 쉽게 말해 '감정이 말하는 것과 반대로 행동하기'다. 솔직한 감정을 부정하거나 이에 맞서라는 의미가 아니다. 이 기법을 실행하려면 먼저 생각 과잉에 빠졌을 때 실제로 어떤 감정을 느끼는지(두려움, 당황스러움, 불편함, 수치심 등) 깊이 들여다보아야 한다. 그리고 이에 저항하거나 매달리지 않고 있는 그대로 관찰해야 한다. 우리는 인지행동치료나 역기능적 사고 기록을 통해 이를 이미 연습했다.

감정 조절의 첫 단계는 여느 명상법과 다르지 않다. 감정을 있는 그대로 두는 것이다. 조용한 가운데 호흡, 몸, 존재를 인식하며 내면에서 어떤 감정이 일어나는지 가만히 자신을 지켜본다. 이런 식의 감정 탐구를 미리 계획한 마음챙김과 함께 하거나, 아침 일과에 추가하거나, 시각화 훈련과 같이 할 수도 있다. 또는 힘든 감정이 솟구치거나 위기라는 생각이 들 때마다 자기 존재와 감정을 '인식하고 현재에 집중하도록' 연습할 수도 있다.

생각 과잉의 이면에 깔린 감정은 주로 두려움이다. 통제 불능, 실패, 닥쳐올 위험, 공황 상태에 빠지는 것 등에 대한 두려움이다. 이 두려움은 실제로 느껴진다. 하지만 그렇다고 해서 진짜라는 뜻은 아니다. 당연히 도움이 된다는 뜻도 아니다! 두려움에서 비롯한 행동은 더 큰 두려움만 만들어내는 경우가 많다. 그러나 우리에게는 감정을 관찰하고 두려움을 느끼더라도 다르게 행동할 선택권이 있다. 이때 반대 행동 기법이 필요한 것이다.

예를 들어 생각 과잉과 불안에서 비롯한 반추에 갇힌 상태라면 두려운 감정 상태는 다양한 행동을 유발하게끔 한다. 특정 사람이나 상황을 피할 수 있고 감수해야 할 위험을 거부하거나 세상에 대한 호기심이 생기지 않아 탐구를 멈출 수도 있다. 또한 의심이 심해지거나 피해망상에 시달릴 수 있고 자신과 자기 능력을 하찮게 생각하기도 하며 꿈과 목표를 축소한다. 여기에 더해 어려운 상황을 아예 부정할 수 있으며, 실패가 두려워서 좋은 기회를 그냥 흘려보내고 자기 삶에 생긴 문제를 두고 남을 탓할 수도 있다.

두려움과 불안에 사로잡혀서 하는 생각은 우리를 제한한다.

"세상은 안전하지 않아."

"아무도 믿을 수 없어."

"잘 안될 테니 시도조차 하지 않는 게 나아."

"괜히 나서지 마. 위험하잖아."

"뭐든 새로운 건 하면 안 돼. 나쁜 일이 일어날 테니까."

우리는 두려움이라는 감정에 연민을 느끼고, 깊이 빠져들지 않더라도 그 감정이 실재하고 고통스럽다는 것을 안다. 하지만 다시 말해 **두려움이나 불안과 함께 차에 타는 것은 기꺼이 환영이지만 그 감정들이 운전대를 잡고 삶의 방향을 결정하게 하면 안된다!**

그렇다면 불안과 두려움의 반대는 무엇일까? 불안과 두려움이라는 감정과 여기에서 비롯한 행동을 반대로 뒤집으면 무슨 일이 벌어질까?

그때 나타나는 것이 자신감과 여유다. 이런 상태에서는 새로운 상황에 관심을 갖고 새로운 일과 모험을 두려워하지 않는다. 그리고 다른 사람을 믿는다. 마음 깊은 곳에서 자신을 믿고, 삶에서 맞닥뜨리는 시련 앞에 우리는 모두 동등하다는 것을, 그 시련에 잘 대처할 수 있다는 것을 알기 때문이다. 때로는 두려움도 느끼겠지만 어려움이 동기를 부여하고 자극이 될 것이다. 우리 머릿속에는 '내가 새로운 일을 시도해보면 어떨까?'와 '해봐야 알겠지만 잘될 것 같은데' 같은 생각이 가득할 것이다.

인지행동치료에서 표를 작성해 건강하지 않은 생각을 파악하고 더 나은 대안을 생각했듯이, 반대 행동 기법 역시 내 생각에 숨은 핵심 감정을 파악해 기분이 더 나아지는 대안을 찾아내는 데 도움을 준다. 일반적인 절차는 다음과 같다.

- 감정과 경험을 파악한다. 그에 대해 판단하거나 해석하지 않고 있는 그대로 받아들인다.
- 이 감정이 어떤 생각과 행동을 유발하는지 살펴본다. 이러한 생각과 행동이 마음에 드는가? 목표에 다가가는 데 도움이 되는가? 가치에 부합하는가? 나를 너무 짓누르거나 내게 좋지 않게 작용하지는 않는가?
- 그렇다면 반대 감정이 무엇인지 파악하자. 그 반대 감정을 경험하려고 노력하면, 마음의 균형을 찾고 생각과 행동을 건강한 방향으로 이끌 수 있다.
- (5분도 좋고 하루도 좋으니) 정해진 시간 동안 반대 감정을 유지하는 데 온전히 집중한다. 마음이 흔들린다면 왜 이 기법을 훈련하고 있는지 떠올리자. 강한 부정적 감정이 유발하는 생각과 행동의 대가를 떠올리는 동시에 그 대안으로 더 나은 마음 상태를 떠올린다.
- 결과를 관찰한다. 시작할 때와 비교해 느낌이 어떤지, 의도

적으로 반대 기분을 느끼기로 선택했을 때 생각과 행동이 어떻게 달라졌는지 살펴본다. 다음에 이와 비슷하게 부정적인 감정을 강하게 느낄 때 이 결과를 기억한다.

이 기법은 감정을 부정하거나 짓누르는 것이 아니다. 오히려 그 반대다! 감정 조절과 자기 통제를 연습할 때 매우 좋은 도구다. 부정적인 생각과 행동 패턴에 반사적으로, 심지어 건강하지 않은 방법으로 빠져드는 것을 의식하는 데 도움이 된다.

앞서 자동차 사고가 났는데 가해 운전자가 공격적으로 행동한 사례를 떠올려보자. 당사자를 지배하는 감정은 분노일 것이다. 하지만 잠시 멈추어 무슨 일이 벌어지고 있는지 침착하게 파악하면 상황을 바꿀 수 있다. 극도의 분노에서 비롯한 생각과 이로 인해 할 수 있는 행동이 누구에게도 득이 되지 않는다는 것을 알면, 의도적으로 반대 감정으로 향하려고 노력할 수 있다. 화를 내는 가해 운전자에게 분노와 모욕을 돌려주지 않고, 앞으로 10분 동안 화내거나 소리 지르거나 비난하지 않겠다고 의식적으로 결정할 수 있다. 그런 다음, 감정을 누그러뜨리고 중립을 지키며 온화한 목소리로 상대 운전자가 한 말을 확인한다. 그 사람에게 동조할 필요는 없다. 목덜미가 뻣뻣해지더라도 잠시 잊기로 하자. 10분만 그렇게 하는 것이다. 그리 나쁠 것이 없지 않은가!

10분이 지나고 말다툼이 끝나면, 몇 가지를 알아차릴 수 있을 것이다. 10분 뒤 자신의 감정을 살펴보면 즉시 솟구쳐 오르던 분노가 더 이상 존재하지 않음을 깨닫게 된다. 이내 후회할 말이나 행동을 하지 않았다는 사실에 안도한다. 무엇보다 진정한 차분함을 느끼고 차분함 덕분에 벌어진 일에 대한 반추를 재빨리 중단할 수 있다. 예전에는 비슷한 일을 당했을 때 부당하다는 생각에 몇 시간 동안 속을 끓였다면, 이제는 그보다 쉽게 잊고 다음으로 넘어가게 된다.

이 모든 일이 벌어지는 동안 자신이 화나고 긴장했다는 사실을 부정하지 않았다. 사실 10분이 지난 뒤에도 화내는 게 마땅했다는 생각이 들었다면, 더 마음 편하게 화내는 걸 선택할 수 있었다. 이 기법을 실행하는 동안은 분노와 긴장이라는 감정의 존재를 충분히 용인했다. 하지만 그렇다고 해서 그 감정을 느낀 바로 그 순간에 모두 받아들여야 한다거나, 그 감정에 따라 생각하거나 말하고 행동하도록 내버려두어야 한다는 뜻은 아니다. 이것이야말로 나에게 '통제권이 있다'고 할 수 있는 상황이다.

쉬지 않고 지껄여대는 지긋지긋한 친구

'반추' 없애기

반추란 무엇일까? 앞에서 이 말을 이미 여러 번 썼지만 이해하기 쉽게 정의하지는 않았다.

'반추하다ruminate'는 말의 어원은 꽤 흥미롭다. 이 말은 '곱씹다'는 뜻의 라틴어 rūmināre에서 왔다. 그래서 소처럼 '되새김질하는' 동물을 반추 동물이라고 부른다. 반추는 누구나 가끔 하는 특정한 종류의 생각을 설명하기에 적합한 말이다. 소는 부분적으로 소화된 음식물을 역류시켜 다시 씹는 반추를 하는데, 이 과정을 몇 차례 반복한다. 정신적 의미에서 반추도 마찬가지다. 오래된 기억, 생각, 낡아빠진 주제를 다시 끄집어내 몇 번이고 다시 씹는 것이다. 소의 반추는 건강하고 정상적인 활동이지만, 인간의 반추가 건강하고 정상적인 경우는 거의 없다!

사랑하는 사람과 이해하기 힘든 의견 충돌이 있었다고 가정해보자. 머릿속에서 그 대화를 계속 떠올리고 있다. 대화를 나눌 때 다른 말을 했더라면 어땠을까 상상하고, 후회와 양심의 가책을 느끼는 것이다. 어딘가 찜찜한 느낌이 들기 때문에 뇌는 계속 같은 장면을 떠올리며 그 당시를 곱씹게 된다. 모든 추악한 사실을 하나하나 분석하며 달리 해석할 수는 없을까, 그러지 않았더라면 어땠을까 하고 고심한다.

본질적으로 반추는 생각 과잉이다. 생각을 가루가 될 정도로 씹어대는 일은 비생산적이다. 대개 오래된 기억을 끄집어내면 (주로 부정적인) 다른 기억을 불러일으켜 주의가 산만해진다. 당연히 생각 과잉이 더 심해지는 악순환에 빠진다. 생각을 씹고 또 씹어보지만 문제 해결은 되지 않을 뿐더러 불안만 높아진다. 다시 말해 정말 나쁜 이야기를 자신에게 계속 들려주는 셈이다.

과거의 나쁜 기억을 자주 끄집어낸다면 이를 멈추기 위한 첫 단계는 촉발 요인을 파악하는 것이다. 고향 집에 돌아가서 예전에 쓰던 방을 보는 것이 촉발 요인이 될 수도 있다. 특정 노래나 음식, 또는 시험일 수도 있다. 뭐가 됐든 촉발 요인이 자신에게 어떤 영향을 미치는지 알아야 조치를 할 수 있다.

두 번째 단계는 반추의 형태를 이해하는 것이다. 그 기억을 곱씹으며 후회에 잠기는가? 아니면 원망하거나 절망에 빠지는가? 계속 다른 사람을 비난하거나 죄책감으로 자신을 괴롭히는가?

다음으로 애당초 정확하지도 않은 옛이야기를 자꾸 끄집어내 피곤하게 되새기고 있다는 사실을 인식하고 이와 거리를 두어야 할 필요성을 이해해야 한다. 앞서 여러 기법과 접근법을 살펴보았으므로 지금쯤이면 이 말이 친숙하게 들릴 것이다. 촉발 요인을 접하면 반사적으로 떠올라 저절로 흘러가는 것만 같은 이야기에서 심리적으로 한 걸음 물러나야 한다. 이전에 살펴본 모든 마음챙김 훈련과 마찬가지로, 떠오른 생각에 몰입하거나 집착하거나 저항하지 말고 그 생각을 단순히 관찰해야 한다.

거리를 두는 방법 중 하나는 이야기에 이름을 붙이는 **라벨링**이다. 그러면 같은 이야기가 떠올라 자책과 분노를 느낄 때마다 '아, 그 대하소설이 또 시작되는군'이라고 생각할 수 있다. 생각과 감정에 빠져들지 않고 관찰하는 것만으로도 거리가 생긴다. 그러면 "난 쓸모없어"라는 말 대신 "지금 쓸모없다고 느끼고 있군"이라고 말할 수 있다. "내가 기회를 날려버렸어"라는 말 대신 "지금 몹시 아픈 기억을 떠올리고 있어"라고 할 수 있다. 감정과 나를 분리하는 울타리를 치면 그 울타리를 경계로 감정에 제한을 두게 된다. 비로소 감정이 일시적이라는 사실을 이해하기 시작한다. 우리를 괴롭히는 것 중 현실에 근거를 둔 것이 얼마나 있겠는가? 얼마나 많은 부분이 자신에게 들려주는 이야기에 불과한가?

조금이라도 유머를 발휘할 수 있다면 아주 좋다. 유머가 있으면 회복력이 좋아지고, 크고 무서운 문제를 맞닥뜨렸을 때 담대하게 맞설 수 있다. 자신에게 이렇게 말하자. "오, 또 시작이군. 오늘 오후가 되면 자기 연민이 하늘을 찌르겠어." 그리고 어린 시절의 부끄러운 사건이 떠오를 때마다 웃기게 생긴 작은 풍선이 날아다니는 소규모 퍼레이드를 상상하며 우스꽝스러운 점을 찾아보자. 자신을 놀려도 좋다. 적어도 나쁜 기억을 떠올리는 사람이 나뿐만은 아니라는 사실을 기억하자.

자신에게 질문을 던져도 좋다. **지금 내가 하고 있는 게 문제 해결인가, 반추인가?** 이 질문에 솔직하게 대답해야 한다. 처음에는 떠오른 생각을 곱씹으며 도움이나 통찰력을 얻을 수 있을지도 모른다. 하지만 대개 생각을 곱씹을수록 얻는 것이 적다. 이미 살펴보았듯이 끝없는 분석에 갇히지 않는 확실한 해결책은 행동하는 것이다. 있을지 모를 일을 끝없이 추측하고 걱정하는 것이 아니라 실제로 뭔가를 하고 구체적인 순간에 집중해야 한다.

질문에 대한 답이 '그냥 반추하는 중'이라면, 사소해도 좋으니 한 가지 행동에 집중하도록 한다. 생각 없이 못된 말을 해서 친구를 기분 상하게 했다고 하자. 그 일 이후 머릿속으로 자꾸 못된 말을 떠올리면서 진절머리를 친다고 해보자. 그때 떠올리는 걸 멈추고 이렇게 물어본다. '지금 내가 하고 있는 게 문제 해결인가 반추인가?' 질문을 통해 자신이 심리적 되새김질을 하고 있음을 깨달았다면 그만 멈추라고 말하자. 그리고 사소한 일이라도 좋으니 상황을 개선하기 위해 할 수 있는 일을 생각해보자.

친구를 기분 상하게 했다는 문제가 있다면 해결책은 사과하고 손을 내밀어 금이 간 관계를 회복하는 것이다. 그렇다면? 그렇게 하면 된다. 이런 식으로 생각해보자. 이왕 문제를 고민하느라 에너지를 모두 쓸 거라면 적어도 좋은 쪽으로 써서 상황을 개선할 방법을 찾아본다. 개선의 여지가 없다면 다른 생각으로 주의를 돌리자. 이미 벌어진 일이니 용서를 구하거나 상황을 받아들이고 앞으로 나아가는 데 에너지를 쏟는 것이다.

상황을 개선하거나 적어도 상황을 받아들이는 데 도움을 줄 만한 일로 불안한 에너지를 돌려놓도록 하자. 그러면 세상과 다시 소통하고 머릿속에 불어닥쳐 제자리만 뱅뱅 돌게 만드는 끝없는 허리케인에서 벗어날 수 있다. 고통을 감내하는 능력에 대해 이미 이야기했지만, 적절한 순간에 주의를 돌리는 법을 배우는 것만으로도 정신적 회복력을 키우는 데 큰 힘이 된다.

반추하고 있다는 것을 알아차리면('아, 또 곱씹기 시작하네. 맨날 똑같은 지긋지긋한 옛날이야기…….') 주의를 기울일 활동에 재빨리 돌입한다. 자리에서 일어나 팔 벌려 뛰기를 30회 하며 알파벳을 뒤에서부터 읊을 수도 있다. 또는 일주일 치 장보기 목록을 작성할 수 있다. 뜨개질을 시작하거나 책상을 정리하거나 집안일에 몰두하며 노래를 부를 수도 있다. 주의를 다른 곳에 돌려서 반복되는 반추에서 잠시나마 벗어날 수 있다면 무엇이든 좋다.

딱히 할 일이 떠오르지 않는다면 오감에 집중해보자. 달리기와 요가 같은 신체 활동을 할 수도 있다. 가만히 앉아서 자꾸 나를 침범하는 생각과 싸우지 말고 일어나서 생각을 떨쳐버리기라도 하듯이 몸이라도 흔들어보라는 말이다. 머릿속에서 '그랬을 텐데. 그랬어야 했는데. 그럴 수도 있었는데. 혹시. 어쩌면'과 같은 생각이 떠오르면 곧바로 손을 써서 싹을 잘라버려야 한다. 대개 우리는 주의가 산만해지는 것을 원치 않지만, 목적을 갖고 의식적으로 활용한다면 주의를 산만하게 하는 것은 강력한 도구가 될 수 있다.

- 내가 전혀 통제할 수 없는 일 때문에 속을 끓이고 있지는 않은가?
- 머릿속에 있는 작은 흙무더기를 큰 산으로 바라보고 있지는 않은가?

생각 중독

- 반추가 상황을 개선하거나 문제를 해결하는 데 조금이라도 도움이 되는가?
- 자신이 하고 있는 이야기나 사건에 대한 해석이 그렇게 대단하다고 믿을 만한 근거가 있는가? 즉, 스스로 하는 이야기를 그대로 받아들여야 하는가?

반추를 쉬지 않고 지껄여대는 지긋지긋한 오랜 친구라고 상상하며 심리적 거리감을 넓혀보자. 스스로 차분하고 공정한 관찰자를 자청해 이야기는 그저 이야기일 뿐이라고 마음 깊이 이해한다.

어느 날 이 지긋지긋한 오랜 친구가 찾아와서 이렇게 말했다고 하자.

"몇 년 전에 있었던 일 생각나? 네가 프랑스어 할 줄 안다고 했더니 누가 프랑스어로 말 걸었잖아. 하지만 넌 대답 못 했지. 기억 안 나? 정말 창피했잖아."

어쩌면 텔레비전 프로그램에서 뭔가를 보았거나, 당시 그 자리에 있었던 친구를 얼마 전에 만나고서 당시의 기억이 떠올랐을지도 모른다. 하지만 반추를 촉발하는 요인이 무엇이든, 반추를 인식하고 나면 두 가지 선택권이 있다. 친구가 하는 이야기에 동참해 그때 얼마나 민망했는지, 그렇게 바보 같은 거짓말을 한 자신이 얼마나 한심했는지에 대해 진지하게 논의할 수 있다. 아니면 그 친구에게 이렇게 말할 수도 있다.

"아, 그래. 그 오래된 구구절절한 이야기는 나도 잘 알지. 하지만 지난 일이잖아. 난 그 일에서 중요한 걸 배웠고 다시는 그런 식으로 허세를 부리지 않아. 게다가 사람들은 내 실수를 잊은 지 오래라고. 그러니 난 하던 일이나 계속할게."

반추라는 지긋지긋한 친구가 다시 찾아와서 당혹스러운 일을 또 이야기한다면 이렇게 말하자.

"저, 그런 거 말고 새로운 이야기는 없을까? 지금 당장 내가 실천할 만한 실용적이고 신선한 아이디어는 없어? 없으면 이만 잘 가고. 내가 지금 바빠서."

마음에 아무런 타격을 입지 않아 편안하다. 그리고 반추라는 지긋지긋한 친구는 아무도 들어주지 않는 데 실망하며 떠난다.

요점 정리

☐ 이 책에서 불안과 생각 과잉에 대처하는 데 도움이 되는 수많은 전략을 제시했다. 하지만 책의 목표는 단순히 몇 가지 조언을 얻고 요령을 배우는 것이 아니다. 태도와 인식의 근본적인 변화를

생각 중독

이끌어내, 실제 변화로 이어질 수 있는 영향을 미치는 것이 목표다. 이를 위해 마음가짐으로 취해야 할 다섯 가지 태도가 있다.

☐ 첫 번째는 통제할 수 없는 일이 아니라 통제할 수 있는 일에 집중하는 태도다. 통제할 수 있는 일이 있다면 실행에 옮긴다. 하지만 할 수 없다고 해도 걱정할 필요 없다. 결국 아무것도 통제할 수 없는 상황이라면, 그 상황을 받아들이고 다음으로 넘어가는 것이 최선의 전략이다.

☐ 두 번째는 할 수 없는 일이 아니라 할 수 있는 일에 집중하는 태도다. 첫 번째와 비슷해 보이지만 그보다 더 구체적이다. 특정 상황에서 할 수 있는 일과 할 수 없는 일이 무엇인지 파악하자.

☐ 세 번째는 갖지 못한 것이 아니라 가진 것에 집중하는 태도다. 우리는 부족한 것에만 오롯이 집중하느라 가지고 있는 좋은 것들에 감사하는 법을 잊는 경우가 많다. 그러나 자기 삶의 좋은 점을 의식적으로 생각함으로써 이를 바로잡을 수 있다.

☐ 네 번째는 과거와 미래가 아닌 현재에 집중하는 태도다. '만약'이라는 가정은 생각 과잉에 가장 빠지기 쉬운 방법이기 때문이다.

☐ 세 번째와 비슷한 맥락으로 원하는 것이 아니라 필요한 것에 집중하는 태도가 필요하다. 원하는 것은 끝이 없다. 완벽하게 다 가질 수 없는 게 당연하다. 이 태도는 꼭 필요한 것에 집중하는 데 도움이 된다.

□   반추는 불안을 키우고 비생산적으로 만드는 생각 과잉이다. 반추
      또한 다른 형태의 불안과 마찬가지로, 인식과 심리적 거리 두기
      로 해결할 수 있다. 생각은 그저 생각으로 라벨링하고 나를 괴롭
      히는 옛이야기는 의인화하거나 외면화하자. 그리고 자신이 하고
      있는 생각이 진짜 문제 해결을 위한 것인지 단순히 반추인지 자
      문하는 습관을 기르자.

생각 중독

뇌를 질주하는 생각을
멈춰 세우는 법

1장 생각 과잉 멈추기

가장 집요하게 당신을 괴롭히는 문제

- 생각 과잉은 특정 사안을 지나치게 분석하고 평가하고 반추하고 걱정하는 것을 멈출 수 없어서 정신 건강에 영향을 미치기 시작하는 상태를 말한다.

- 생각 과잉으로 이어지는 불안의 주요 원인은 두 가지다.

  첫 번째는 자기 자신이다. 안타깝게도 어떤 사람들은 유전적으로 다른 사람보다 불안이 더 심한 성향을 타고난다. 하지만 유전자가 유일한 요인은 아니다. 생각을 많이 하면 그 문제를 어떻게든 해결하고 있다고 착각하기 때문에 습관적으로 생각 과잉에 빠질 수도 있다. 생각 과잉에는 끝이 없어서 상황을 개선하기 힘들지만, 그럼에도 우리는 어느 정도 이를 풀어가고 있다고 느낀다. 이러한 악순환에 빠져 생각 과잉에서 벗어나기 힘들어지기도 한다.

- 두 번째는 환경이다. 환경은 두 가지 측면에서 생각해볼 수 있다. 먼저 집과 사무실처럼 우리가 대부분의 시간을 보내는 밀접환경이다. 이 공간이 설계된 방식은 불안 수준에 큰 영향을 미칠 수 있다. 어수선하고 어둡고 시끄러우면 우리는 더 불안해진다. 다음으로는 세계와 상호작용하며 폭넓은 경험을 하는 과정에서 형성되는 사회, 문화적 환경이다. 예컨대 인종차별이나 성차별경험으로 스트레스를 받고 불안이 높아질 수 있다.

- 생각 과잉은 여러 부정적인 결과를 낳는다. 여기에는 신체적, 정신적 문제는 물론이고 장기적으로 문제가 될 수 있는 사회 활동의 어려움도 포함된다.

2장 스트레스 버리기

조종당할 것인가, 조절할 것인가

- 생각 과잉이 무엇인지 파악한 뒤에는 그것을 방지하는 방법을 알아야 한다. 불안과 생각 과잉에 지친 마음을 돌보고 평온함을 찾을 간단하면서도 효과적인 방법이 많다.

- 가장 먼저 기억해야 할 것은 4A 스트레스 관리법이다. 4A는 회

피, 변경, 수용, 적응을 말한다. 무언가를 '회피'한다는 것은 통제할 수 없는 일에서 단순히 벗어나는 것을 뜻한다. 노력할 가치가 없어 환경에서 완전히 없애는 게 가장 좋은 일도 있다. 하지만 피할 수 없다면 환경을 '변경'해 스트레스 요인을 없애는 방법을 배워야 한다. 환경을 바꿀 수 없다면 '수용'할 수밖에 없다. 끝으로 지금 처한 상황에서 내가 할 수 있는 일이 거의 없다면 그 상황에 '적응'해야 하고 스트레스 요인에 대처하는 법과 스트레스로 인해 예상되는 피해 가능성을 최소화할 방법을 배워야 한다.

- 널리 쓰이는 또 다른 기법은 스트레스 일기다. 생각 과잉에 빠지면 머릿속에서 오만 가지 생각이 소용돌이쳐서 꼼짝없이 짓눌리는 느낌이 든다. 하지만 기분을 체계적으로 기록하면 생각을 분석하고 조금이라도 이것이 내 삶에 가치가 있는지 평가할 수 있다. 수첩을 가지고 다니며 필요하다고 느낄 때 언제든 기록할 수 있다.

- 마지막으로는 5-4-3-2-1 그라운딩 기법이라고 부르는 것이다. 공황발작을 막는 데 매우 효과적으로 다섯 가지 감각 기관을 모두 동원하는 방법이다. 공황이 시작되는 느낌이 들면 주변에서 눈으로 볼 수 있는 다섯 가지, 만질 수 있는 네 가지, 냄새 맡을 수 있는 세 가지, 들을 수 있는 두 가지, 맛볼 수 있는 한 가지를 찾아보자. 감각에 집중함으로써 생각 과잉에 빠진 뇌의 주의를

돌릴 수 있다.

3장 불안에서 벗어나기

내버려두면 당신을 집어삼킨다

- 불안을 유발하는 주요 원인 중 하나는 잘못된 시간 관리다. 우리
  는 대개 자신을 비참하게 만드는 일을 우선시하고 삶을 진정으
  로 즐기는 일에는 시간을 충분히 쏟지 않는다. 시간을 내서 여가
  와 휴식을 충분히 즐기는 경우는 드물기 때문에 불안을 줄이려
  면 의식적으로 시간 관리를 해야 한다. 이를 위해 몇 가지 조언
  하자면, 할 일 목록을 정기적으로 만들고 나의 실제 우선순위를
  솔직히 반영해 업무 우선순위를 정하며 목표를 작은 단위로 나
  누어라.

- 시간 관리에 도움이 되는 다른 전략도 있다. 그중 하나는 앨런식
  입력값 처리법으로, 여기에서 말하는 입력값이란 모든 외부 자
  극을 뜻한다. 전화와 이메일처럼 아주 사소한 자극을 비롯한 입
  력값에 어떻게 반응하는지 분석하고 점검해야 한다. 그런 다음
  반응을 바탕으로 특정 자극에 다른 자극보다 먼저 대응할 수 있
  는 최선의 방법을 계획해야 한다.

- 스마트한 목표 설정도 유용한 기법이다. 목표를 매우 상세하게
  기록하면 무엇을 해야 할지 정확히 알 수 있다. 그런 다음, 이 목

표를 달성했다는 것을 알 수 있는 측정 기준을 설정한다. 목표는 달성 가능해야 한다는 것을 명심하자. 말도 안 되는 목표를 세우면 안 된다. 이 목표가 자신의 가치 체계와 어떻게 관련되어 있는지, 이 목표를 달성하면 어떤 삶의 목적을 이룰 수 있는지 평가하자. 끝으로 목표를 달성하기까지 기한을 두어 합리적인 시간 안에 해내도록 한다.

4장 마음의 기술

자기 마음을 다루는 훈련이 필요하다

- 불안이 극에 달했거나 통제 불능 상태라고 느낄 때가 있다. 이 경우, 이미 검증된 몇 가지 기법을 활용해 스트레스 수준을 낮출 수 있다.

- 첫 번째는 자율 이완 훈련이다. 이 훈련의 목표는 여섯 가지를 연습해 생각과 감정을 통제하는 것이다. 먼저, 편안한 장소에 앉거나 눕는다. 그런 다음 "나는 완전히 평온하다"라는 말을 되뇌며 규칙적으로 천천히 호흡한다. 사이사이에 같은 말을 반복하면서 다양한 신체 부위의 감각을 느낀다. 이 훈련은 능숙해지기까지 시간이 걸리지만 간단하고 언제 어디에서나 할 수 있다.

- 두 번째는 유도 심상이다. 편안한 자세를 취하고 후각과 청각을 비롯해 다양한 감각을 기분 좋게 자극하는 장소를 떠올리는 것

이 핵심이다. 몸과 마음이 편안해지는 곳이라면 어디든 좋다. 상상력을 최대한 발휘해 되도록 자세히 떠올려야 한다.

- 세 번째는 점진적 근육 이완이다. 이 기법은 몸이 이완하면 정신도 이완한다는 이론을 바탕으로 한다. 그렇기에 먼저 근육을 긴장시켰다가 이완하는 것이 훈련의 목표다. 이번에도 마찬가지로 편안한 자세로 앉아서 머리부터 발끝까지 또는 그 반대 순서로 여러 신체 부위를 옮겨 다니며 근육의 긴장과 이완을 반복한다.

- 마지막은 걱정 미루기로 휘몰아치는 불안을 차단하는 데 매우 직접적이고 효과적이다. 불안이 시작된 듯한 느낌이 들 때 당장 걱정하지 말고 나중에 걱정하도록 미래의 어느 시간을 따로 정해놓은 다음, 현재에 집중하려고 계속 노력한다. 삶에서 걱정을 없애는 일은 불가능하지만 걱정하는 때와 걱정이 지속되는 시간은 의식적으로 제한할 수 있다.

5장 생각의 기술
결코 스스로 불안에 빠지지 않을 것

- 불안을 많이 유발하는 부정적인 사고 패턴에 갇힌 사람들이 많다. 인지행동치료는 이러한 사고 패턴을 파악하고 이를 더 긍정적인 태도로 바꾸어 정신 건강을 크게 개선하는 데 도움을 준다.

- 가장 먼저 해야 할 일은 자신이 빠지기 쉬운 인지 왜곡을 파악하

는 것이다. 흑백논리 사고는 일반적인 인지 왜곡 중 하나다. 이는 모든 것을 아주 끔찍하거나 아주 좋은 것으로 인식하는 사고방식으로, 주어진 상황에서 균형을 찾지 못하고 나쁜 일에만 초점을 맞추며 긍정적인 면을 무시한다. 인지 왜곡의 종류는 매우 다양하고 몇 가지 왜곡에 동시에 빠지는 경우가 많다.

- 다음으로 어떤 상황, 사람, 환경이 특정 사고 패턴을 촉발하는지에 초점을 맞추어보자. 역기능적 사고 기록을 통해 이와 관련된 내용을 추적할 수 있다. 부정적 사고 패턴으로 빠져든다는 생각이 들 때마다 잠시 멈추어 그 생각에 앞선 장소, 상황, 사건을 정확히 파악하고 자신의 인지 왜곡 유형을 확인한다. 그런 다음 이에 대한 합리적인 반응을 생각해본다.

- 인지 왜곡을 더 많이 이해하고 나면, 이러한 사고 패턴을 바꿀 방법을 알아야 한다. 이에 효과적인 방법은 행동 실험이다. 이 기법을 활용하는 방법은 단순한데, 자신의 부정적인 생각과 신념을 명확히 표현하는 것이다. 그런 다음 생각과 신념이 거짓일 수도 있다는 가정하에 가설을 세운다. 자신의 신념이 거짓임을 나타내는 증거나 과거의 경험이 있는지 생각해본다. 마찬가지 방법으로 주변 환경을 관찰해 신념이 거짓임을 입증하는 증거가 있는지 파악하고, 기존 신념을 의심할 만한 이유를 발견하면 이를 분석하고 그에 따라 사고 패턴을 바꾼다.

6장 오늘을 사는 법

인생 낭비하지 않고 나를 지키는 인생 전략

- 이 책에서 불안과 생각 과잉에 대처하는 데 도움이 되는 수많은 전략을 제시했다. 하지만 책의 목표는 단순히 몇 가지 조언을 얻고 요령을 배우는 것이 아니다. 태도와 인식의 근본적인 변화를 이끌어내, 실제 변화로 이어질 수 있는 영향을 미치는 것이 목표다. 이를 위해 마음가짐으로 취해야 할 다섯 가지 태도가 있다.

- 첫 번째는 통제할 수 없는 일이 아니라 통제할 수 있는 일에 집중하는 태도다. 통제할 수 있는 일이 있다면 실행에 옮긴다. 하지만 할 수 없다고 해도 걱정할 필요 없다. 결국 아무것도 통제할 수 없는 상황이라면, 그 상황을 받아들이고 다음으로 넘어가는 것이 최선의 전략이다.

- 두 번째는 할 수 없는 일이 아니라 할 수 있는 일에 집중하는 태도다. 첫 번째와 비슷해 보이지만 그보다 더 구체적이다. 특정 상황에서 할 수 있는 일과 할 수 없는 일이 무엇인지 파악하자.

- 세 번째는 갖지 못한 것이 아니라 가진 것에 집중하는 태도다. 우리는 부족한 것에만 오롯이 집중하느라 가지고 있는 좋은 것들에 감사하는 법을 잊는 경우가 많다. 그러나 자기 삶의 좋은 점을 의식적으로 생각함으로써 이를 바로잡을 수 있다.

- 네 번째는 과거와 미래가 아닌 현재에 집중하는 태도다. '만약'이

라는 가정은 생각 과잉에 가장 빠지기 쉬운 방법이기 때문이다.

- 세 번째와 비슷한 맥락으로 원하는 것이 아니라 필요한 것에 집중하는 태도가 필요하다. 원하는 것은 끝이 없다. 완벽하게 다 가질 수 없는 게 당연하다. 이 태도는 꼭 필요한 것에 집중하는 데 도움이 된다.

- 반추는 불안을 키우고 비생산적으로 만드는 생각 과잉이다. 반추 또한 다른 형태의 불안과 마찬가지로, 인식과 심리적 거리 두기로 해결할 수 있다. 생각은 그저 생각으로 라벨링하고 나를 괴롭히는 옛이야기는 의인화하거나 외면화하자. 그리고 자신이 하고 있는 생각이 진짜 문제 해결을 위한 것인지 단순히 반추인지 자문하는 습관을 기르자.

생각 중독

STOP OVER THINKING

옮긴이 | 박지선

동국대학교에서 영어영문학을 전공하고 성균관대학교 번역대학원에서 번역학과 석사 과정을 마쳤다. 대형 교육기업에서 영어교재 개발, 편집 및 영어교육 연구직으로 근무한 뒤에 출판 번역가가 되었다. 현재 출판번역 에이전시 글로하나와 함께 인문, 심리, 소설 등 다양한 분야의 영미서 검토와 번역에 매진하고 있다.

옮긴 책으로는 『퀴팅』『내가 빠진 로맨스』『핵가족』『몸으로 읽는 세계사』『메이킹 라이트 워크』『우리가 끝이야』 등 30여 권이 있다.

생각 중독

초판 1쇄 발행 2024년 2월 29일
초판 14쇄 발행 2024년 12월   2일

지은이 닉 트렌턴
옮긴이 박지선

발행인 이봉주   단행본사업본부장 신동해
편집장 김경림   기획·편집 박주연
마케팅 최혜진 이인국   홍보 반여진 허지호 송임선
국제업무 김은정 김지민
디자인 studio forb   제작 정석훈

브랜드 갤리온
주소 경기도 파주시 회동길 20
문의전화 031-956-7213(편집) 031-956-7089(마케팅)

홈페이지 www.wjbooks.co.kr
인스타그램 www.instagram.com/woongjin_readers
페이스북 www.facebook.com/woongjinreaders
블로그 blog.naver.com/wj_booking

발행처 (주)웅진씽크빅
출판신고 1980년 3월 29일 제 406-2007-000046호
ⓒ 닉 트렌턴, 2024
ISBN 978-89-01-28048-6 (03180)